장수건강 길라잡이

장수건강 길라잡이

초판 1판 1쇄 발행 2014년 8월 18일

지은이 이철완
일러스트 김동연
펴낸이 이환호
펴낸곳 나무의꿈

등록번호 제 10-1812호
주 소 서울특별시 마포구 서교동 463-36 Y빌딩 2층
전 화 02)332-4037 팩 스 02)332-4031

ISBN 978-89-91168-46-6 03510

건 강 백 세 입 문

장수건강
길라잡이

이철완 지음

나무의 꿈

들어가는 말

세상에는 건강과 관련된 책이 무수히 많다.

의학을 전공하기 위해 배우는 의학 교재, 기초의학과 임상의학에 관련된 각종 전공 서적, 특히 동·서의학이 공존하고 있는 우리나라의 경우 한의학 관련 서적이 많다.

의학 서적의 특징은 기초의학을 토대로 한 임상 서적으로 대부분 질병을 다루고 이를 치료, 관리하는 데 주목적을 둔다.

고교 시절 질병으로 1년을 휴학한 필자의 경우 질병이 주는 고통을 경험했지만 정작 질병을 자세히 알게 된 것은 한의학 공부를 마치고 근무한 대학부속병원의 수련의 과정에서였다. 다양한 질병으로 고통받는 많은 사람들의 모습이 지금도 떠오른다.

수련의 시절 처음으로 건강 강의를 맡게 되었다. 당시 스물여덟의 나이로 어르신들에게 강의하라는 은사님의 엄명을 받아 일주일 내내 시간만 나면 어르신에게 도움이 되는 건강 지식이 무엇인지 고민했던 기억이 지금도 생생하다. 그간 의학 서적이나 환자를 대하며 사용하던 말들은 혼자만의 용어가 될 듯싶어 대중들이 많이 보는 건강 서적을 참고해 강의를 무사히 마쳤다. 젊은 친구가 강의를 곧잘 한다는 말과 은사님의 칭찬을 듣고 나름 소통에 자신감도 생겼다. 이후 필자는 건강 강의를 할 때면 쉬운 용어와 함께 일상생활과 관련된 내용을 주로 쓰게 되었다.

쉬운 용어의 선택과 소통을 위해 사용하는 단어에는 양면성이 있는데 하나는 앞서 말한 이해와 전달이 쉽다는 장점이고, 다른 하나는 강의나 책의 내용을 맹신하는 부작용을 낳을 수 있다는 점이다. 쉽지만 적확한 지식을 전달하는 것이 좋은 강의라 여겨진다.

강의와 책을 만드는 일은 많이 다르다. 필자는 둘 다 경험했지만 역시 책을 만드는 것이 훨씬 어렵고 책임감이 따른다. 이미 발간한 몇 종의 책은 고전을 번역하고 현대적 해석을 곁들인 책들이어서 그리 많은 고민을 하지 않았지만 이번에 출간을 결심한 이 책은 지금까지 걸어온 한의사, 교수, 연구소장의 고민과 의무를 올바르게 전해야 한다는 사명감이 더 컸다. 그리고 그에 앞서 대중과의 소통이 우선 되어야 한다는 고충도 있었다.

이 책의 성격은 입문서인데, 중국 명나라 명의(名醫) 이천(李梴)이 지은 『의학입문(醫學入門)』에서 아이디어를 얻었다. 입문이 초보자를 위한 지도의 의미가 있지만 정작 『의학입문』은 그 내용이 충실하고 품격이 있어 가히 보감에 견줄 만하다. 『동의보감(東醫寶鑑)』을 저술한 허준(許浚) 선생도 가장 많이 인용한 서적 중 하나였을 만큼 아꼈던 서적이다. 이런 이유로 정도(正道)의 건강 백세 입문을 생각해 책을 썼다.

건강이란 단어는 우리가 너무나 잘 알고 있는 단어이다. 하지만 이를 정의하려면 많은 이견(異見)들이 나온다. 세계보건기구(WHO: World Health Organization)의 건강의 정의는 한 마디로 균형이다. 균형을 이루면 질병이 발생하지 않고, 깨지면 이름조차 잘 모르는 각종 질병에 노출되기 시작한다. 균형을 깨는 요인으로는 감정, 내부 면역, 그리고 외부 환경을 꼽을 수 있는데 이들에 대한 다각적인 해석을 1부 건강편에서 다루었다. 칼럼과 강의 중에 표현했던 좋은 말들로 설명하였고, 그 배경은 자연과 함께하는 한의학이 주를 이루고 있다.

2부 백세편에서는 백세까지 사는 동안 우리 몸을 괴롭히는 많은 질병 중 자신과 주위 사람에게 부담을 주는 질병을 주로 다루었고 한국노인병연구소에서 그동안 연구한 질병의 시작 '노화'에 대한 다양한 내용을 소개하고 있다. 바꾸어 생각하면 늙지 않도록 노력하면 백세가 되는 동안 아프지 않고 건강하게 지낼 수 있는 지식들을 담고 있다.

3부 입문편에서는 자세(姿勢)에 대한 내용을 담고 있다. 자세란 의식이 있는 우리의 마음자세를 말하기도 하지만 우리 내부에 있는 많은 기관(器官)들의 입장을 생각하고 서로 어떻게 교류하여야만 되는지에 대한 생각과 사상(思想)이 담겨 있다. 나름 신중하고 격을 떨어뜨리지 않으려 노력했지만 타고난 글 솜씨의 한계를 독자의 너그러운 마음으로 이해해주시길 바라며 그간 고민해왔던 작은 생각이 큰 세상을 열었으면 한다.

이미 고인이 되신 나의 어머님, 20년 가까이 불모지 개척에도 남편을 이해하고 독려한 아내 민 여사, 몸소 노후 자신 관리의 모델을 보여주신 장모님과 아버님께 감사드리며 『활인심방(活人心方)』 개정판부터 함께한 '나무의 꿈' 이환호 사장님께도 심심한 감사의 말을 전한다.

책이 나와 독자의 선택을 받고 읽히게 되면 글은 그때부터 살아서 움직인다. 밤을 지나 태양의 빛을 받아 움직이는 모든 생명체와 같이…….

백세(百歲) 시대에 우리가 잊지 말아야 할 것은 건강이 전제되어야

한다는 점이고 이 책은 장수를 전제로 하는 또 하나의 희망이라 하
겠다.

2014년 맹하(孟夏) 역삼동에서

艮元 이철완

목차

건강

백세

입문

건강

허리 근력 기르기

허리 근력을 키우려면 우선 자신의 허리 근력이 어느 정도인지 알아야 한다. 실제 허리가 아파 병원을 찾는 환자들은 각기 다른 증상과 호전(好轉) 과정을 나타내는데 이를 알아내고 병의 진행 과정을 예측하는 방법이 운동 검사에 해당된다. 흔히 우리가 알고 있는 허리를 굽히고 뒤로 제치는 동작, 좌우로 돌리는 동작, 그리고 좌우 옆으로 굽히는 동작 등이 해당된다.

사실 이런 동작들은 이미 오래 전부터 체조의 형식으로 보급된 것으로 평소 꾸준히 반복해서 시행하게 되면 허리의 유연성과 근력이 강화된다. 하지만 언제부터인지 운동하면 돈이 들어가고 운동 방법도 기구나 장비가 필요하게 되었는데 이런 점들이 오히려 건강 증진에 걸림돌이 되고 있다. 우리가 잘 알고 있듯이 인간의 성장 과정 중 몸의 움직임은 중요하며 특히 잘 먹고 잘 움직이는 것은 매우 중요하다. 평소 잘 움직이지 않고 먹기만 한다면 각종 병을 일으키게 되는데 요통도 예외는 아니어서 평소에 운동이 부족하면 잘 발생된다. 먹는 만큼 몸을 잘 움직이지 않으면 기혈(氣血) 흐름이 원활하지 못하기 때문이다.

찬 기운은 우리 몸을 움츠리게 만들고 근육을 수축시킨다. 때문에 추울 때 갑작스런 근육의 사용은 오히려 통증과 운동 장애를 일으키는데 이를 방지하기 위해선 근력을 유지하고 길러야 한다. 허리의 근력을 기르는 가장 좋은 방법은 운동이다. 무리하지 않는 범위에서 허리 관절을 유연하게 하는 것이 무엇보다도 중요하다. 앞서 말한 관절의 운동 범위를 측정해 본인의 관절 유연성을 알아보는 것부터 시작하여야 한다.

자신의 운동 가능 범위를 알고 난 뒤에는 반복적인 동작으로 운동 범위를 넓히는 노력이 필요하다. 만일 계속된 운동에도 개선되지 않으면 전문의에게 검사를 받아 볼 필요가 있다. 숨겨진 다른 원인으로 허리 관절이 고장 난 경우가 종종 있기 때문이다.

현재 허리가 불편한 경우, 서서 허리를 움직이는 방법은 무리가 따른다. 이런 경우 누워서 허리 근력을 강화시키는 방법이 있는데 평소 허리가 아프거나 허리 디스크 등으로 고생하는 사람 모두에게 효과가 있다.

먼저 반드시 눕는다(仰臥位: 앙와위). 양손으로 한쪽 무릎을 잡고 가습 쪽으로 당겨 가능한 턱 밑에 붙인다. 오른쪽 무릎인 경우 왼쪽 다리는 굽히지 않고 쭉 뻗은 상태로 오른쪽 무릎을 왼쪽 턱 밑에 붙인다. 왼쪽 무릎은 반대인 오른쪽 턱 밑에 붙인다. 이 동작을 교대로 3~4번 반복한다. 마무리 동작으로는 양쪽 손으로 양 무릎을 잡고 턱 밑에 붙이는데 이 동작 역시 3~4번 반복한다. 누워서 하는 운동은 자연스럽게 허리 근육을 강화시키는 방법이 되지만 꾸준히 하지 않으면 효과가 없다.

만일 요통의 원인이 허리 측만(側彎)이라면 붕어 운동도 효과적이다. 어항 속의 붕어가 수영하듯이 몸의 좌우를 가볍게 흔드는 방법인데 보기보다 효과가 크다. 물론 앞에 설명한 운동을 병행하면 더 효과적이다.

허리 디스크 관리 요령

두 발로 걷는 인간의 경우 필연적이라고까지 말하는 요통에 대해 현대의학은 어떻게 대처하고 있을까…….

사실 허리가 아파 병원에 오는 환자를 엑스레이(X-ray)로 촬영하면 이상 유무를 알아내기 어렵다. 뼈의 손상 유무, 퇴행성 변화, 좌우 및 전후의 각도 등은 알 수 있지만 이른바 허리의 충격을 완화시키는 연골의 상태는 알 수 없기 때문이다. 그렇다고 연골의 상태를 확인하고자 바로 MRI(자기공명영상법: magnetic resonance imaging), CT(컴퓨터단층촬영: Computed Tomography)를 촬영하는 것은 경제적 부담이 너무 크다. 그래서 허리가 아픈 경우 임상에서는 크게 3가지로 나누어 관리하고 있다.

첫째는 허리 주변 즉 허리를 싸고 있는 근육이나 힘줄의 손상이나 경직으로 인해 발생되는 염좌(捻挫)의 경우이고, 둘째는 염증으로 인한 통증이며, 세 번째는 척추신경이 직접 압박을 받아 나타나는 허리 디스크의 경우이다.

물론 이외에 다른 원인들이 있긴 하지만 일반적으로 이 세 가지 원인에 의해 주로 발생된다. 하지만 밝혀진 원인에 비해 치료율이 낮고 재발 빈도가 높아 현재에도 많은 사람들에게 고통을 주고 있다.

옛날에도 허리 디스크는 치료가 어려웠던 것 같다. 기존의 침, 뜸, 약물 이외에도 기구나 장치(일종의 견인기)를 사용해 통증을 완화시켰다는 기록도 있고, 서양의 경우 19세기 말부터 척추 교정의 목적으로 디스크를 치료하는 시도가 있어 왔는데 지금의 카이로프랙틱(chiropractic) 요법에 해당된다. 지금은 최첨단 진단 장비로 원인을 쉽게 찾지만 아직도 잘 낫지 않고 있는 것을 보면 선조의 지혜도 참고해 봄직하다.

허리 디스크의 특징은 허리의 통증과 함께 한쪽(간혹 양쪽) 다리의 방산통(放散痛)을 호소하는 질환이다. 급성인 경우 꼼짝하기 어렵고 심지어 대소변을 누운 자리에서 받아 내야 할 만큼 통증이 심하다. 하지만 급성은 통증과 행동의 제약으로 적극적인 치료가 가능해 만성보다 오히려 치료 기간이 짧고 후유 장애가 많지 않다.

다리로 내려가는 방산통은 척추신경의 압박으로 발생되는데 요추신경의 번호에 따라 다리 부위의 장애 정도가 달라진다. 가장 흔한 예가 요추 4, 5번 사이로 내려가는 제4요추신경과, 요추 5번과 천추 1번 사이로 내려가는 제5요추신경 압박 현상이다. 압박의 원인은 연골인 디스크의 돌출로 인한 압박이 가장 많고, 디스크가 닳아 추체 간격이 협소해져 나타나는 척추협착증도 원인이 된다.

우리 몸은 일단 허리 디스크가 발생하면 통증을 극소화시키려는 자세를 취하게 된다. 불안정한 자세가 된다는 말과 통한다. 만일 이런 상태가 지속되고 증상이 완화되어 치료시기를 놓치게 되면 그대로 굳어져 영영 바른 허리를 갖기 어렵게 된다. 허리가 바르지 못하면 여러 문제가 나타나는데 운동을 좋아하고 즐기는 분이라면 운동력이 저하되고 끈기가 부족해지게 된다. 결국 좋은 점수나 만족감을 얻기 어렵다.

허리 디스크의 치료에는 현재 많은 방법들이 있다. 그러나 무엇보다도 좋은 의사를 만나는 것이 매우 중요하다. 좋은 의사는 앓고 있는 허리 디스크에 대해 올바른 정보를 알려준다. 수술이 먼저인지 아니면 약물이나 물리치료가 필요한지 먼저 정해준다. 특히 재발이나 예후(豫後) 등을 고려해 운동 방법을 권하는데, 재발을 방지하려면 허리 근력을 키워 고정 능력을 강화시켜야만 가능하기 때문이다.

어떤 병이든 좋은 의사를 믿고 치료하면 치료율이 높아지는데 예외가 하나 있다. 허리 디스크를 수술받고 재발된 경우인데 시술한 병원의 통계와 달리 후유 장애가 높은 것은 함께 생각해 봐야 할 문제이다.

어혈(瘀血)

어혈의 한자어는 瘀血이다. 어(瘀)는 녁(疒)과 어(於)의 조합으로 병들어 기댈 녁과 어조사 어의 혼합 의미이다. 혈은 누구나 아는 피를 의미한다. 혈액이 중요하다는 것은 상식이지만 온몸에 퍼져 있는 혈관과 혈액의 순환을 담당하는 심장의 기능 등을 고려하지 않고는 혈액의 정상적인 역할을 기대할 수 없다. 혈액의 흐름은 항상 한 곳에서 다른 한 곳으로 이동하게 되는데 가교의 의미가 어조사 어(於)에 해당된다고 생각할 수 있다.

어혈은 사혈(死血), 악혈(惡血), 오혈(汚血), 패혈(敗血), 어괴(瘀塊), 어결(瘀結), 혈어(血瘀), 어(瘀), 건혈(乾血) 등의 용어로도 사용되는데 혈액이 체내에서 응체된 것과 혈액이 경맥 외부로 넘쳐 조직 사이에 쌓이거나 혈액 운행에 장애가 발생하여 경맥 내부 및 기관 내에 정체하는 것을 포괄한다.

외상, 폐경, 찬 기운, 혈열망행(血熱妄行) 등으로 발생되며 주로 어혈이 막혀서 나타나는 각종 질환을 야기한다.

특징으로는 증상이 낮보다 밤에 심하고, 아픈 곳이 일정한데 일반적으로 누르면 통증이 감소한다. 어혈의 양과 부위에 따라 회복 기간이 달라진다.

그러면 정상적인 혈(血)의 역할과 병리 기전은 어떻게 일어날까!

혈은 인체의 생명활동을 유지하는 기본 요소 중 하나로 영양(營養)하고 자윤(滋潤)하는 기능이 매우 강하다. 혈은 반드시 맥(脈)을 통해 운행되어야 생리적 효과를 발휘할 수 있다. 만약 혈이 맥 밖으로 넘쳐나오면 출혈이 되며, '경(經)을 이탈한 혈'이라고도 말한다. 맥은 혈액이 밖으로 빠져나오는 것을 막아주므로 '혈부(血府)'라 한다.

그럼 혈은 어떻게 생성되었을까!

혈은 주로 영기(營氣)와 진액(津液)으로 만들어진다. 영기와 진액 모두 섭취한 음식물에서 기인된다. 비와 위는 음식물을 분해, 소화함으로 기혈을 만드는 근본 장기가 된다. 따라서 비위의 기능은 혈의 생성에 직접적으로 영향을 미치게 된다. 만일 장기적인 영양 부족이나 장기간의 비위 질환이 있으면, 혈액의 생성에 영향을 주어 피가 모자란 혈허(血虛)의 증상이 나타나게 된다.

또한 정(精)과 혈 사이에는 서로 길러주고 전화(轉化)하는 관계가 있다. 정은 신(腎)에 저장되고 혈은 간(肝)에 저장되는데, 신에 정기가 충만하면 간이 좋아져 혈이 잘 만들어지고, 간에 저장된 혈이 충만하면 신이 정을 잘 저장할 수 있다. 정과 혈의 근원이 동일하다는 뜻이다.

혈은 어떤 일들을 할까!

혈은 맥 속을 쉬지 않고 운행하여 온몸의 각 장부에 영양을 주어 전체적인 생리 기능을 유지하게 해준다. 얼굴에 혈색이 돌아 윤택하며, 피부가 팽만하고, 모발에 윤기가 나고, 감각과 운동이 활발해지게 한다. 만일 혈이 부족하거나 장기간 과도하게 소모되면 전신이나 국소에 혈허(血虛) 증상이 나타나게 된다. 대표적으로 머리가 어지럽고, 눈이 침침하며, 얼굴빛이 창백하거나 노랗고, 모발이 건조해지고 살이 마르며, 손발 끝이 저리는 증상이 나타난다.

혈은 정신 활동의 중요한 물질적인 기초이기도 하므로 혈이 부족해지거나, 열을 받거나, 정상적인 경로를 벗어나면 정신 활동의 감퇴를 가져오게 된다. 이렇게 되면 건망(健忘), 다몽(多夢), 실면(失眠), 번조(煩燥) 등의 증상이 나타나고, 심하면 정신이 어지럽고 가슴이 불안해 두근거리며 헛소리와 함께 정신을 잃어버리기도 한다.

혈의 운행은 어떻게 이루어지나!

혈은 음양 가운데 음에 속해 성질이 고요하다. 때문에 움직임도 주로 기(氣)의 미는 힘에 의해 이루어지며 또한 기에 의해 통제된다.

흔히 알고 있는 심장의 박동은 혈액 운행의 원동력이 된다. 혈이 운행하는 맥관은 밀폐된 도관(導管)이라고 생각할 수 있는데 혈과 영기(榮氣)가 그 속에서 운행하며 영양 물질인 수곡의 정기가 그 중에 섞여 있다.

혈이 정상적으로 순행하기 위해서는 다른 장부의 협조와 균형이 필요하다. 예를 들면 폐의 선발(宣發), 간의 소설(疏泄) 작용 등은 혈의 운행에 중요 요소이다. 또한 비장의 통섭(統攝) 기능과 간장의 저장 기능은 혈액의 질과 밀접한 관계가 있다. 이 밖에 맥도(脈道)가 잘 통하지 않거나, 혈이 차거나 뜨거우면 혈의 운행에 직접적인 영향을 준다.

혈의 통제 능력이 감퇴되면 운행이 빨라져 출혈을 초래하기 쉽고, 반대로 통제 능력이 지나치면 운행이 느려져 어혈 등의 병리적인 변화가 생긴다.

어혈 관련 질환을 살펴보면 신체 부위와 관련된 질환이 가장 많다. 가슴 부위의 결흉(結胸), 견비통, 협통, 요통 등이 있으며 퇴행성 관절 질환과 관련이 많은 어혈(瘀血)성 역절풍도 흔히 보는 질환이다.

내과 질환인 황달, 위완(胃脘)통, 구토 및 해수 등도 어혈과 관련된 질환이며 드물게 여성에서 어혈성 대하증이 나타나기도 한다. 임상에서 가장 빈번한 것은 운동이나 외상에 기인한 견비통, 협통, 요통 등인데 최근 늘어난 교통사고나 산재(産災) 등도 광의의 어혈 질환에 속한다.

운동과 어혈

누구나 경험하는 증상 중에 등 뒤, 손이 잘 안 닿는 부위의 통증이 있다. 어깨를 무리하게 사용한 다음에 잘 생긴다. 하지만 운동과는 관계없이 발생하기도 하며 심지어는 근육이나 힘줄이 유연한 아이들에게도 생긴다.

신체는 각기 나누어져 각각의 기능을 충실히 수행하지만 사실 따지고 보면 부분이 할 수 있는 일은 하나도 없다. 이 말은 모든 몸의 부분이 서로 연결되어 서로를 보호하고 있다는 말로 해석된다. 그 결과 인간 스스로 자신의 일을 수행할 수 있게 되는데 간혹 남의 도움이 필요한 경우도 있다. 목욕할 때가 그 예인데 남의 도움을 통해야만 등 뒤의 고민을 해결할 수 있게 된다. 그 정확한 부위는 등 뒤 어깨와 인접한 곳인데 의학 용어로 견갑골이 있는 견배부에 해당된다.

사실 견갑골 주위는 피부 노폐물이 많이 나오는 곳 중 하나이다. 견갑골은 주걱과 같은 형태의 뼈가 상완골(上腕骨)에 붙어 있는 뼈로 흉곽(胸廓)을 등 뒤에서 덮고 있다. 다른 뼈들이 힘줄과 근육으로 튼튼하게 얽매어 있는 형태와는 차이가 난다. 오히려 외부 환경에 의한 자극이나 스트레스에 의해, 통과하는 신경이나 근육에 지장을 준다.

임상에서 가장 많이 나타나는 증상은 견갑골의 척추 쪽 능선을 따라 통증이 나타나는 경우인데 다른 부위와 달리 직접 손으로 눌러주거나 문지르기가 어려워 치료나 관리가 잘 안 된다. 혈액 순환의 경우에도 잘 되지 않아 어혈이 발생되는데 일단 어혈이 발생하게 되면 일시적인 진통(鎭痛) 방법은 오히려 병을 키우는 경우가 많다. 그리 큰 통증이 아닌 경우에는 뭉친 부위를 풀어주면 통증이 사라지는데 초기에 더운찜질이나 부항(附缸)도 뭉친 근육을 풀어주는 좋은 방법이 된다.

부항은 한의학 고유의 치료 방법 중 하나로 어혈이나 담(痰)을 제거하는 데 효과가 매우 뛰어나다. 특히 손이 잘 닿지 않아 관리가 어려운 등이나 허리 부위의 어혈을 제거하는 방법으로 많이 사용된다. 간혹 피부 밖으로 혈액을 배출하는 습각(濕角)을 사용하기도 하지만 만성적인 어혈질환에는 일반적으로 건각(乾角)을 사용한다.

요즘은 손으로 압력을 만드는 부항기보다 압력과 시간을 일정하게 유지하고 조절할 수 있는 디지털 전동식 부항기가 등장해 치료하는 의사나 치료받는 환자 모두에게 안전성과 균일한 효과를 제공하고 있다.

어혈(瘀血)이 만드는 병증(病症) 가운데 가장 흔한 것이 통증인데 통증을 제거하는 방법 중 자연치유력을 이용한 방법은 침구(鍼灸) 이외는 부항이 효과가 크다. 침과 뜸이 환자 스스로 활용하기에 어려운 점이 많다면 부항, 특히 일정한 압력과 시간을 조절할 수 있는 전동식 디지털 부항기는 간편하게 어혈을 제거하는 방법이 된다. 어혈을 제거하는 부항도 등 부위에 시술할 때에는 역시 남의 도움을 받아야 하는데 이를 보아도 인간은 서로서로 협력하며 살아야 되는 동물임에 틀림없다.

부항(附缸)과 색소 반응

　요즘 체질에 대한 관심이 많아졌다. 드라마 <태양인 이제마>의 영향도 있겠지만 인간을 위협하는 각종 질병이 사람에 따라 다른 결과를 만들고 있다는 점이 점차 인식되고 있기 때문이다. 여름이면 유행했던 아폴로 눈병이 좋은 예가 된다. 눈병에 걸리고 안 걸리는 것, 그리고 걸렸어도 증상의 경중(輕重), 치료 기간, 치료율이 달라지는 것 모두 체질과 관련이 있다. 사실 체질은 중요한 인자가 된다. 그리고 이를 잘 구분하는 것도 치료나 건강관리에 도움을 준다. 하지만 사상체질에 대한 충분한 인식 없이 체질을 구별하고 이를 맹신하는 것은 지극히 위험한 발상이다.

　사상의학을 만드신 이제마 선생께서는 체질을 크게 음(陰)과 양(陽)으로 나누었다. 그리고 이를 다시 많고(太), 적음(少)으로 구분하였다.

이에 따라 사람은 태음인(太陰人), 태양인(太陽人), 소음인(少陰人), 소양인(少陽人)의 네 가지로 나뉜다고 설명하였다. 또한 인체 장기 중 간(肝), 폐(肺), 비(脾), 신(腎)의 기능 차이 때문에 체질이 구분되고 질환의 형태도 다르다고 하였다. 그런데 사람뿐만 아니라 세상의 모든 만물도 이런 구분이 가능하다.

한동안 혈액을 통해 체질을 감별하는 방법이 유행한 적이 있었다. Rh+와 Rh-(음양), A, B, AB, O형(사상)의 구분은 비록 혈액의 구성 성분은 같지만 역할의 기대치는 다르다는 것을 시사하고 있는 것이다. 이런 사실을 간접적으로 확인할 수 있는 방법이 음압(陰壓)의 원리를 이용한 부항을 시술할 때 나타나는 색소 반응이다.

색소 반응이란 체표, 특히 배부(背部) 위에 부항을 시술할 때 나타나는 피부반응 중 하나이다. 체질과 질환에 따라 체표에 나타나는 색이 다른데 기준이 되는 정상 색은 선홍색(鮮紅色)으로 이를 기준으로 진한 색은 몸에 열이 많거나 혈액의 흐름이 좋지 않은 경우에 나타난다. 반대로 색이 흐리거나 색소 반응이 없으면 몸이 차거나 허약한 경우에 해당된다.

부항을 시술하려면 정확한 기준 압력이 필요하다. 손쉽게 손으로 압력을 만드는 방법은 일정한 압력을 기대할 수 없어 건강 상태나 체질을 판별하는 데 부적합하다. 진단을 위해 사용되는 압력은 40~45mmHg가 적절하고 유관 시간(부항컵을 체표에 밀착시키고 있는 시간)은 1분이 적당하다. 이런 이유로 압력을 균일하게 유지하고 정확하게 시술할 수 있는 전동식 디지털 부항기가 진단용으로 필요한 것이다.

진단을 위한 시술 부위는 등이 가장 좋은데 그 까닭은 등에는 많은 경혈(經穴)들이 있고 이 중 특히 간(肝), 심(心), 비(脾), 폐(肺), 신(腎) 오장의 반응 부위가 있기 때문이다. 이 부위의 색을 관찰하면 현재의 몸 상태와 체질을 판별하는 데 도움이 된다.

부항이 우리 몸에 좋은 이유는 어혈을 제거하고 혈행(血行)을 개선

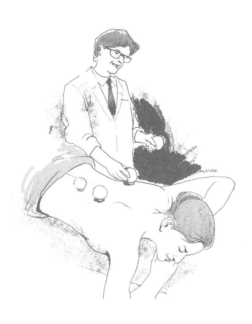

하는 효능이 있기 때문이다. 하지만 이보다 더 중요한 것은 몸의 상태를 진단할 수 있는 방법이라는 것이다. 일례로 골프를 치고 난 후 부항 시술을 통한 등(背)의 색소 반응을 관찰하면 기분 좋게 라운딩 했는지 그렇지 않은지를 알 수 있다. 운동이란 기분 좋게 하고 나면 노폐물이 쌓이지 않지만 반대인 경우 오히려 몸에 독소(毒素)가 축적되기 때문이다.

체질이 실(實)한지 허(虛)한지, 열이 많은지 적은지를 알고 싶은 사람들에게는 부항을 시술 받길 권한다. 물론 부항요법을 학문적으로 이해하고 정규 교육을 받은 전문 한의사의 도움은 기본인데 진단과 치료는 의사의 기본 권리이며 의무에 해당되기 때문이다.

담음(痰飮)

진료 중 가장 애를 먹는 경우는 여기저기 아프다고 호소하는 환자를 치료할 때이다. 특히 이런 증상은 연세가 많으신 어르신에서 주로 나타나는데 의사로서 참 고민되는 증상이다.

왜 여기저기 아픈 증상이 나타날까!

이런 현상을 이해하려면 한의학에서 말하는 담음(痰飮)을 이해해야 한다. 말이 담음이지 흔히 말하는 '담 결린다', '몸에 담이 많다', 또는 '몸이 무겁다' 등이 담음을 나타내는 말들이라 하겠다. 담음은 크게 두 가지로 구분된다. 끈적끈적하고 탁한 것을 담(痰)이라 하고, 비교적 맑은 것을 음(飮)이라 한다. 수분 대사나 체액 대사가 비정상적으로 바뀌어 인체에 오히려 장애를 주는 현상으로 해당 물질을 총칭한다. 그리고 병의 진행 과정에서 나타나는 부산물이나 노폐물도 담음의 범주에 해당된다.

담(痰)이란 한자에는 재미있는 뜻이 담겨 있다. 병들어 기대어 누을 녁(疒) 속에 불꽃 염(炎)이 들어 있는 모습이다. 불꽃 염(炎)은 아래, 위 두 개의 화(火)가 붙어 있는 모습이다. 불의 성질은 주위를 뜨겁게 만들고 주변의 물체들을 태워 재를 남기기 때문에 주변에 재나 쓰레기들이 많이 쌓이게 된다. 만일 위에 있는 불이 외부 병원균의 작용이라고 가정하면 아래의 불은 신체의 방어 세력이라 볼 수 있다. 때문에 두 불의 싸움은 곧 몸 안의 염증 반응이며 이 결과 생기는 병리적인 잔해가 담(痰)이 되는 것이다. 때문에 담을 제거하는 방법은 쉽지 않으며 담으로 나타나는 증상이나 질환도 다양하다.

담으로 통증을 느끼는 증상 중 가장 흔한 것이 양 어깨 날갯죽지 통증이다. 흔히 취침 후 아침에 잘 발생하는데 단순히 잠을 잘 못 자서 나타나는 것이 아니라 대부분 통증을 일으키는 선행 조건을 몇 가지 갖고 있다. 정신적인 스트레스로 인해 등의 근육이 경결(硬結)되어 그 부위의 혈액 순환을 방해한다든지, 찬 곳에서 자 기혈(氣血)이 잘 흐르지 못해 국소적인 장애를 일으킨다든지, 음식을 폭식하거나 술을 지나치게 많이 먹었다든지 하는 경우, 자고 난 다음날 아픈 경우가 많다.

보이는 담으로는 기침할 때 나오는 가래가 해당되는데 전형적인 담의 모습이다. 색이 우윳빛부터 검은 것까지 다양한데 임상적으로 보면 색이 엷을수록 병이 가볍고 짙을수록 중한 경우가 많다. 담의 대표적인 특징은 몸을 유주(流注)하며 증상을 발현하는데 돌아다니다 머물기 쉬운 곳에서 정착하여 그곳에서 대부분 병증을 유발한다. 또 기압이 낮거나 습기를 만나면 증상이 더 심해지는데 저기압인 경우 기혈 순환의 장애를 초래해 담음이 체내에 더 정체될 수 있는 환경을 만들기 때문이며, 습기는 성질 자체가 차고 가라앉아 기혈을 응체시키기 때문이다. 평소 관절이 아프거나 사지에 힘이 없는 어르신들이 비나 눈이 올 것을 미리 아는 것도 이런 연유 때문이다.

어르신들이 무서워하는 질환 중 중풍과 치매가 있다. 중풍은 뇌혈관질환으로 인식되어 뇌혈관의 관리가 중풍을 예방할 수 있는 적극적인 방법이지만 사실 중풍이 오기 전 이미 뇌 속에는 먼저 담음이 쌓여 있는 경우가 많다. 때문에 평소 머리가 자주 아프고 무거우며 가끔 헛구역질과 함께 어지러운 증상이 나타나면 담(痰)을 생각해야 한다. 이런 증상이 자주 있으면 뇌혈관장애를 일으키는 쉬운 환경이 되어 이른바 중풍이 올 확률이 높다. 치매의 경우 서구에 가장 많은 알츠하이머(Alzheimer's disease)는 아직 그 원인을 모르는데 이유 없이 뇌세포가 파괴되어 노망(老妄)을 나타낸다고 밝혀졌다. 그러나 잘 생각해 보면 뇌세포가 분명히 살 수 없는 환경에 처해 있기 때문에 생기는 병으로 파악할 수 있고 만일 그 환경을 개선시키면 치매 예방과 관리도 가능하게 된다.

한의학에서는 뇌세포의 환경에 나쁜 영향을 주는 인자로 담음을 첫째로 꼽는다. 뇌는 담음이 잘 생기기 어려운 장기이지만 일단 생기면 없어지기 어렵기 때문에 치료가 힘들어진다. 요즈음 화제가 되고 있는 고지혈증도 한의학에서는 담음(痰飮)의 범주로 생각할 수 있고 치료도 담음의 치료로 효과를 본다. 고지혈증이 혈액내의 비정상적인 물질로 인한 병리적인 현상이라 하면, 담음은 몸 안의 병리적인 물질을 지칭하고 있는 것이다. 큰 의미의 고지혈증이라 할 수 있다.

담음으로 일어나는 병은 무수히 많다. 그래서 선인들은 신체 부위의 이상으로 나타나는 병에 원인인 담음을 붙여 질환으로 생각하여 관리하여 왔다. 예를 들어 두부(頭部)의 통증을 나타내는 두통의 경우 담음두통이라고 분류하고 있고 이러한 방식은 신체 각 부위의 질환에 같이 적용된다.

이렇듯 담음은 전신 어디든 병을 일으킬 수 있어 예로부터 백병(百病)의 근원이라고 하였다.

만일 담음이 심(뇌)에 들어가면 순환을 방해하고 혈관을 막아 뇌신경의 기능을 저하시켜 전간(癲癇)이 되며 망언(妄言), 망견(望見)이 나타난다. 또한 폐에 들어가면 호흡의 기능을 저해해 기침이나 가래를 만들기도 하며 심하면 천식을 유발하기도 한다.

간(肝)의 경우에는 머물러 잠복해 있다가 간의 기능을 방해하는 적취(積聚)를 형성하여 옆구리의 통증(脇痛)과 마른 구역질(乾嘔), 그리고 반복적으로 춥다 더웠다 하는 한열왕래(寒熱往來) 증상을 나타낸다. 이런 증상은 현대의학의 지방간이나 간경화의 증상과 부합되는 것으로 고지혈증에 많다. 또한 경락(經絡)에 담음이 침입하면 마비와 통증을 유발하는데 담음이 기혈의 순환을 저해하고 신경을 자극하는 독소를 포함하고 있기 때문이다. 만약 근육과 골에 담음이 유입되면 증상은 더 다양해지는데 목, 가슴과 배, 허리, 옆구리, 손, 발 등이 땅기며 아픈 증상을 나타낸다. 앞에 소개한 몇 가지 증상만 보더라도 담음으로 인한 병들이 다양하며 치료에도 어려움이 있음을 짐작케 한다.

사실 의사들이 담음으로 인한 결론을 내기는 그리 쉽지 않다. 대부분 장기 치료나 일반 치료로 잘 낫지 않는 경우, 담음이 원인임을 알게 된다. 설사 담음이 원인이라고 진단하여도 치료는 일반인들이 생각하는 것처럼 쉽지 않다. 그러나 평소에 담음에 대한 몇 가지 특징을 알고 나면 스스로 몸에 있는 담음의 정도를 알 수 있다. 어지러움 유무, 물의 섭취량, 체격의 크기, 순환 여부 및 섭취 음식의 종류 등이다. 임상에서는 이런 요소들이 치료의 목표가 되기 때문이다.

담음을 치료하는 방법으로는 약물이 가장 우선 된다. 약물도 지니고 있는 성격으로 둘로 구분되는데 찬 성질의 담음을 제거하는 온화한담약으로는 반하(半夏), 백개자(白芥子) 등이 있으며 일반인들이 알 수 있는 약재로는 귤껍질(진피)이 있다. 또한 뜨거운 성질의 담음을 제거하는 청화열담약으로는 패모(貝母), 우황(牛黃), 진주(眞珠) 등이 해당되며 음식으로는 탱자열매 씨나 껍질(지실, 지각), 무우씨(나복자), 해조류 등이 있다.

민간에서 많이 하는 부항요법은 손쉬운 담음 제거방법이다. 하지만 불로 공기압을 감소시켜 피부에 붙이는 방법은 화상(火傷)의 위험이 있고, 흔히 많이 쓰는 손으로 하는 펌프는 정확도와 함께 안전성이 떨어져 권하기 어렵다. 전동식으로 일정한 압력을 유지해 전신의 피부를 자극하는 방법은 안정성과 함께 확실한 효과를 기대할 수 있다. 부항이나 앞서 소개한 간단한 약재(식품)들은 충분한 수분을 공급받아야 효과를 볼 수 있다. 담음의 원인이 병리적인 수분 대사로 기인된 것이므로 이를 해결하는 기본적인 방법이 깨끗한 생수의 꾸준한 복용이다. 만일 충분한 수분 공급이 이루어지지 않으면 증상의 개선과 재발이 반복되며, 낫지 않으면 위중한 질환으로 변하게 된다.

담음의 증상 중 본인이 감당하기 어려운 경우는 반드시 전문의의 진찰이 우선되어야 한다. 특히 담음에 대해 잘 알고 이를 잘 해결할 수 있는 한의사의 도움을 받는 것이 필요하다. 아직까지 담음으로 인한 병증의 이해와 관리를 현대의학에서 해결하고 있지 못하기 때문이다. 비습(肥濕)한 체질의 원인이 담음이고, 이런 담음을 제거하는 방법으로 병을 낫게 하는 원리는 오래 전부터 내려온 동양의학의 진수이기 때문이다.

음식의 성질

성미(性味)라 하면 약과 같이 음식도 각각의 성질과 맛을 갖고 있음을 말한다. 그 성질에 따라 사람에게 영향을 주고 그 맛으로 인체의 오장육부를 도와주는데 성질은 4가지로 따뜻하고, 뜨겁고, 서늘하고, 찬 것을 말하고, 맛은 시큼하고, 쓰고, 달고, 맵고, 짠 다섯 가지로 되어 있다. 그러나 실제 음식을 먹을 때 입안에서 느끼는 성질과는 다르며 체내에 흡수됐을 때 작용하는 기전을 한의학에서는 성미라고 한다.

한, 열, 온, 량은 체질과 관계가 있고 오미는 오장이나 질병과 관계를 지을 수 있다. 차가운 체질인 경우에는 식품도 뜨거운 음식을 먹어 항상 평형을 유지하도록 하고, 더운 체질인 경우에는 반대로 하여야 한다. 또한 질병이 발생하였을 때도 고려되어야 하는데 병이 발생하여 증상이 열을 동반한 경우는 음식도 찬 성질을 가진 음식으로 조절하고, 반대인 경우는 더운 음식으로 조절한다. 물론 이런 방식이 다 적용되는 것은 아닌데 이를 위해선 반드시 음식의 성미를 아는 전문가의 도움을 받아야 한다. 한의학 문헌에 소개된 오미(五味)와 질병의 내용을 소개해보면

매운맛은 기(氣)에 영향을 주니 기병에는 매운 것을 주의하고,
짠맛은 혈(血)에 영향을 주니 혈병에는 짠 것을 너무 많이 먹지 말며,
쓴맛은 골(骨)에 영향을 주니 골병에는 쓴 것을 주의하고,
단맛은 육(肉)에 영향을 주니 육병에는 단 것을 너무 많이 먹지 말며,
신맛은 근(筋)에 영향을 주니 근병에는 신 것을 주의해야 한다.

또, 간장병에는 매운 것을 주의해야 한다. 멥쌀, 쇠고기, 아욱, 대추 등이 도움이 된다.
심장병에는 짠 것을 주의해야 한다. 팥, 개고기, 자두, 부추 등이 도움이 된다.
비장병(소화기 질환)에는 신 것을 주의해야 한다. 콩(잎), 돼지고기, 밤 등이 도움이 된다.
폐병에는 쓴 것을 주의해야 한다. 소맥, 양고기, 은행, 부추 등이 도움이 된다.

신장병에는 단 것을 주의해야 한다. 황서(黃黍), 닭고기, 복숭아, 파 등이 도움이 된다.

이상의 내용은 결국 음식이나 약 모두 필요 이상 섭취하는 것을 금한 것이며, 가능하면 체질과 병의 상태를 파악한 다음 이에 맞는 음식을 선택하여 먹는 것이 요령임을 알려준다.

여름철 보양 음식과 더운 음식

　예로부터 사계절이 뚜렷한 지역에 사는 사람들은 계절에 맞는 생활을 하여 왔다. 그리고 이러한 경험은 전통을 통해 지금의 우리에게 전달되고 있다. 우리의 선조들은 계절 가운데 여름을 가장 조심하라고 하였다. 특히 어르신의 경우는 훨씬 더 강조하고 있는데 외부 환경이 어르신들이 견디기 어렵기 때문이다.

　동양의학 서적 중 가장 오래된 것으로 『황제내경(黃帝內經)』이란 책이 있다. 임금이 질문하면 신하가 답변하는 대화 형식을 빌려 사람의 생로병사(生老病死)에 대한 동양의학의 원리를 담고 있다. 그 원리가 자연에 근거하고 있고 자연에서 해결하라는 가르침이 있어 수천 년이 지난 지금도 많은 의학도의 지침서로 활용되고 있다.

　내용 중 「사기조신대론(四氣調神大論)」에서는 사계절에 따른 양생법을 소개하고 있는데 자연을 잊고 사는 현대인이 알아야 할 교훈이 있다. 특히 여름은 사계절 가운데 가장 관리하기 어려운 계절로 만일 여름을 제대로 보내지 못하게 되면 아이들은 성장에 지장을 초래하고, 근로자들은 일의 능률이 떨어지고, 어르신들에게는 수명에 영향을 주게 된다. 중요한 내용을 인용해 보면,

"여름은 만물이 번창하는 계절이라 번수(蕃秀)라 합니다. 하지(夏至)를 기점으로 만물을 성장시키는 양기(陽氣)가 극에 달하고 수렴, 폐장시키는 음기(陰氣)가 생겨 서로 교차하므로 만물이 꽃을 피우고 열매를 맺으니 사람들은 늦게 자고 일찍 일어나 햇빛을 싫어하지 말고 양기(陽氣)를 받아들여야 합니다. 화를 내게 되면 기(氣)의 흐름을 방해해 기(氣)가 위로 치솟게 되므로 평소 분노하는 일이 없도록 하여 늘 마음의 안과 밖이 같도록 노력하여야 합니다. 이렇게 하는 것이 성장(成長)하는 여름 기운에 순응하는 것으로 성장의 기(氣)를 기르는 방법이 됩니다. 만일 여름 기운에 역행하게 되면 가을에는 해학(痎瘧: 학질, 전염병)에 걸리기 쉽고 겨울에는 중병(重病)이 됩니다."

지금의 의학으로도 공감되는 내용으로 마음가짐을 강조하고 있다. 스트레스를 조심하고 일단 스트레스를 받으면 이를 풀어 기가 울체(鬱滯)되거나 역행(逆行)하지 않도록 해야 함을 강조하고 있다. 특히 염두에 둬야 할 점은 몸 안과 밖을 같게 하는 항상심(恒常心)인데 정신자

세는 물론 음식이나 기거도 이에 해당된다.

일반 대중이 알고 있는 더위를 이기는 방법으로 이열치열(以熱治熱)이란 것이 있다. 음식으로 치면 더울 때 더운 음식을 먹으라는 뜻이다. 여름철 특징이 더위인데 외부가 더우면 더울수록 우리 몸은 상대적으로 차게 되는데 이런 경우 찬 음식이나 음료를 먹게 되면 오히려 몸의 기능이 떨어져 위(胃)나 장(腸)에 문제가 발생되기 쉽다. 흔히 여름휴가 중 배탈이나 식중독에 의해 휴가를 망치는 것도 여름 생리를

잘 모르기 때문에 발생되는 것으로 더운 음식으로 충분히 예방이 가능하다.

더운 음식을 먹으면 땀이 많이 나 이런 이유로 찬 것을 좋아하는 사람이 많다. 특히 아이들은 더하다. 하지만 땀의 배출은 몸 안에 있는 비정상적인 열(熱)을 제거하고 노폐물을 몸 밖으로 배출하는 우리 몸의 자연스런 생리활동이기 때문에 흘린 땀만큼의 깨끗한 생수를 조금씩 자주 먹으면 된다.

복(伏)날 먹는 뜨거운 보신탕이나 삼계탕은 충분한 단백질과 수분을 속이 차가워지기 쉬운 여름철에 공급하는 좋은 방법이 된다. 재료로 쓰이는 개고기나 닭고기는 그 성질이 따뜻하고 순해 남녀노소 모두 즐길 수 있는 전통음식이라 할 수 있다. 보신탕의 탕이나 삼계탕의 탕은 끓일 탕(湯)으로 더운 물을 자연스럽게 공급하는 방법이 된다.

간혹 이런 전통 음식을 먹지 못하는 사람들은 땀 배출에 따른 충분한 수분 보충이 필요한데 깨끗한 생수만으로 부족하다고 느끼면 미네랄과 비타민이 포함된 과일 주스나 야채 주스도 좋다. 흔히 일반에게 알려진 생맥산(生脈散)의 활용도 여름 건강을 유지하는 방법이 된다. 한의학에서는 여름철 더위 병을 주하병(注夏病)이라고 하는데 이를 치료하는 대표적인 처방이 생맥산이다.

생맥산은 인삼(人蔘), 오미자(五味子), 맥문동(麥門冬)의 약재를 같은 분량으로 차(茶)처럼 끓여 마시는 방법인데 체질에 따라 몸에 열이 항시 많아 찬 것을 좋아하면 시원하게 마시고 보통의 경우에는 따뜻하게 먹는다. 마시는 양은 여러 번 수시로 먹는 것이 올바른 방법인데 한 번에 커피 잔 한 잔이 적당하다. 여름에 생맥산을 상용하면 더위에 지치지 않고 흔히 발생하기 쉬운 배탈도 예방된다.

여름에 흔히 자주 먹는 찬물이나 청량음료는 위장의 무력증을 야기할 수 있는데 흔히 찬물은 위의 활동을 저하시키고 위액 분비를 억제하며 그나마 분비된 것도 희석되어 위의 소화기능에 지장을 주게 된다. 또한 감염된 냉수로 인한 수인성질환을 야기할 수도 있기 때문에 주의를 요한다. 수인성 질환은 대개 잠복기를 거쳐 2~4주 후에 증상이 나타나는 것이 대부분이어서 여름을 지나 가을이 되면 설사, 곽란(霍亂), 고열 등을 수반하는 감염성질환이 발생된다. 전염성 질환인 해학(痎瘧)이 가을에 발생한다는 점을 생각하면 충분히 이해가 가는 대목이다.

성리학의 대가로 알려진 퇴계(退溪) 이황(李滉) 선생은 여름에 더운 음식을 먹어야 하는 이유를 설명하고 있다. 경험적인 내용이기는 하지만 오랫동안 선조들의 건강을 지킨 방법이라 생각되어 소개해 본다.

"여름 한철은 사람의 정신이 산만한 때라 심장의 기능은 왕성하나 신장이 쇠약하니 신(腎)은 화해서 수(水)가 되었다가 가을에 엉기어 겨울에 굳어지는 것이므로 더욱 아껴 보전해야 한다. 그러므로 여름에는 노소(老少) 불문하고 더운 음식을 먹어야 가을에 토사(吐瀉), 곽란의 염려가 없다. 배 속이 늘 따뜻한 사람은 모든 병이 저절로 생겨나지 않으니 그것은 혈기가 왕성하기 때문이다."

올 여름 어르신들이 따뜻한 보양 음식을 드셔야 하는 까닭이다.

가을과 노인 건강지수

사계절 중 가을은 수확의 계절로 지구상의 모든 생명체는 가을 기운을 받는다. 또한 모든 생명체는 좋은 결실(結實)을 위해 다른 부분의 희생을 감수하는데 가을 기운은 이처럼 냉정함이 스며 있다. 흔히 수확을 위해 사용하는 기구(器具)들은 대부분 금속인데, 오행(五行: 목, 화, 토, 금, 수) 중 금(金)은 가을의 대표적인 기운으로 모든 농기구가 금속으로 되어 있다는 점을 생각하면 수긍이 간다.

가을을 삼등분하면 초가을, 가을, 늦가을로 나눌 수 있고 각 시기에 맞는 섭생법은 가을을 건강하게 지낼 수 있는 요령이 된다. 초가을은 가을의 기운인 수렴(收斂) 활동이 아직은 적고 낮과 밤의 온도 차가 심해 호흡기 질환에 걸리기 쉽다. 또한 섭취하는 음식의 종류와 질(質)도 불규칙하여 이를 소화, 흡수하는 위(胃)와 장(腸)에도 부담을 주어 설사나 변비 등과 같은 장 질환이 유발되기 쉽다. 특히 어르신들은 청장년과 달리 음식의 소화와 흡수에 무리가 있어 세심한 주의가 요구된다.

이 시기가 지나면 점차 온도차에 적응되기 시작하여 기후나 신체 모두 음양(陰陽) 균형이 맞아 비교적 건강하게 지낼 수 있게 되는데 우리가 흔히 부르는 가을이 이 시기에 해당된다. 이 시기는 예로부터 치료할 환자가 없어 의사들의 얼굴이 노랗게 된다는 시기로 보통은 계절의 기운과 심신(心身)이 잘 조화되어 건강유지에는 부담이 없는 시기라 할 수 있다. 그러나 늦가을에는 한낮에도 서늘하고 새벽녘에는 춥기 시작해 순환기 질환이 발생되기 쉬워 평소 고혈압, 심장 질환을 앓고 있는 어르신들은 특히 주의가 요망되는데 흔히 말하는 중풍이 발생하기 쉬운 시기라 할 수 있다.

한국노인병연구소에서는 1998년 개소(開所)와 함께 발행한 소식지에 노인 건강지수라는 코너를 싣고 있다. 노인층에 흔한 중풍, 순환, 관절, 수면, 식욕에 관한 항목을 설정해 이를 수치(數値)로 표현하고 있는데 50을 기준으로 이보다 높게 표시되면 질환 발생 확률이 높아지고 50보다 낮으면 비교적 부담이 없다고 하겠다.

노인 건강지수는 노인층의 건강 관리를 위해 월별(음력)에 따른 내용을 노인의학 관련 서적과 양생 및 계절 식양법 등을 참고로 수치화한 것으로 어르신 누구나 쉽게 활용할 수 있는 장점이 있다. 10월의 노인 건강지수를 보면 음력 9월에 해당되는 내용으로 관련 질환의 지수는 순환(70), 중풍(60), 수면(50), 관절(45), 식욕(25) 등이며 50을 넘고 있는 순환, 중풍 질환은 다른 질병에 비해 주의와 관리가 요구된다고 하겠다. 물론 개개인의 건강 정도와 연령에 따라 다소 다르지만 일반적인 노인층의 생리와 계절의 특성을 감안하게 되면 앞서 언급한 질환의 발생에 주의하는 것이 안전하다.

우리들은 가끔 숫자에 대한 맹신을 갖고 있는 것 같다. 그래서 돈의 의미보다는 금액을, 사람의 능력보다는 평가(순위)를 우선으로 여기고 있고 남들과의 비교도 숫자로 한다. 노인 건강지수는 비록 어르신들이 필요한 건강 지식을 수치로 만든 것이지만 단순히 월(月)에 따른 질병 발생 가능성만을 제시하고 있지는 않다. 부모를 모시는 젊은 세대의 관심과 배려를 이끌고 어르신 자신도 본인의 건강에 대해 스스로 관심을 갖고 관리할 수 있도록 도와주고자 만든 건강지수이다.

최근 어르신들이 두려워하는 암, 중풍, 치매와 같은 질병을 피해 가는 가장 현명한 방법은 평소의 몸 상태를 점검하고 관리하는 지혜인데 노인 건강지수는 이러한 질병들을 피해가도록 도와주는 길잡이라 하겠다.

겨울철 건강관리와 건욕(乾浴)

　겨울 하면 하얀 눈을 떠올리게 되는데 눈은 수분의 다른 형태이다. 때문에 녹으면 물이 되고 찬 날씨인 경우 얼게 된다. 이처럼 눈이나 찬 날씨는 겨울의 상징이 된다. 그래서 가을 끝 무렵에 찬바람이 불거나 눈이 내리면 겨울을 느끼게 되고, 반대로 눈과 얼음이 녹기 시작하면 겨울이 지나가고 있음을 알게 된다.

　의학적으로 보면 늦겨울이 건강을 유지하기 가장 어려운 시기이다. 그 이유는 늦겨울이 겨울의 찬 성질과 양기(陽氣)가 샘솟는 봄의 성질을 함께 갖고 있기 때문이다. 따라서 겨울철에 건강을 잘못 관리하면 봄을 다시 맞이하기 어렵게 된다. 통계적으로도 이 시기에 사망이 가장 많음을 보여주고 있다.

　겨울의 날씨는 장·노년의 경우 일반 성인보다 훨씬 더 위험하다.

장·노년층을 자동차로 비유하면 오래 사용한 구형 차에 속한다. 물론 구형 차라고 해서 전부 다 못 쓰게 되어 폐차가 되는 것은 아니다. 평소에 잘 관리하고 무리한 운행을 하지 않았다면 여전히 제 기능을 발휘할 수 있다. 하지만 대부분의 노후 차량은 손을 볼 곳이 많고 손을 봐도 성능이 떨어진다. 더욱이 날씨가 추워 사용하지 않고 있던 차량을 운행하려면 많은 어려움이 따른다.

해빙기는 얼음이 녹는 시기를 말한다. 때문에 밖으로 발산하려는 힘이 강하게 작용하는 시기이다. 겉으로 얼은 것 같아도 실제로 안은 녹아 있는 상태이다. 신체의 경우 동파(冬破)되어 못 쓰게 될 가능성이 가장 높다. 실제로 혈압과 밀접한 관계가 있는 혈관의 상태를 보자! 추우면 혈관이 수축하고 따뜻하면 반대로 이완된다. 때문에 해빙기에는 혈관장애의 질환이 많이 일어나게 된다. 다행히 생명과 직접적으로 관련이 없는 부위라면 괜찮지만 뇌혈관이라면 정말 큰일이다.

장·노년들이 가장 무서워하는 중풍은 바로 뇌혈관의 장애로 인한 뇌세포의 괴사질환이다. 혈관이 파열되어 일어나면 뇌출혈이라 하고, 혈관이 좁아져 막히면 뇌경색이라고 한다. 뇌출혈이나 뇌경색 모두 뇌세포에 치명적이다. 설사 가볍게 왔더라도 후유증이 남는다. 그래서 많은 어르신들이 두려워하는 질환이다. 일단 후유증이 생기면 본인은 물론 가족에게 부담을 안겨주게 되어 더 무섭다.

겨울에는 삼한사온이란 것도 있다. 겨울이라도 내내 춥지는 않고 겨울 중간에도 해빙의 위험이 도사리고 있다. 우리가 다니는 도로를 생각하면 쉽게 이해가 간다.

반쯤 녹아 있는 도로는 보행에 장애를 준다. 추워서 완전히 얼든지, 녹아서 물이 되면 오히려 사고의 위험이 덜하다. 때문에 해빙기는 늘 조심해야 하는 시기가 된다. 반쯤 녹아 있는 도로를 깨끗이 치운다면 보행이 편해지는 것처럼 우리 몸의 혈관을 깨끗이 청소한다면 새봄을 맞이하는 데 문제가 없을 것이다.

예로부터 내려온 방법 중 손을 비벼 그 열감(熱感)으로 전신 곳곳을 마찰하는 건욕(乾浴)이 있다. 간단한 동작이지만 그 효과는 뛰어나다. 의학적으로도 손을 비빌 때 발생하는 원적외선과 생체전기는 피부 경락의 기혈 흐름을 좋게 하며 피부에 산재한 많은 모세혈관을 강하게 만들고 이로 인해 심장이나 뇌의 혈액 순환의 부담을 덜어주기 때문에 심혈관 질환을 예방할 수 있게 된다.

물론 한두 번의 시행으로 효과를 얻을 수 없다. 비용이 안 드는 방법일수록 신념을 갖고 꾸준히 하여야 한다는 전제 조건이 있다.

모든 만물이 새로운 봄을 맞이하기 위해서는 혹독한 추위와 해빙기를 잘 이겨내야 한다. 그리고 봄에는 많은 에너지가 필요한 시기이다. 이런 자연의 섭리는 생명을 강하게 하는 원동력이 된다. 하지만 장·노년의 경우 주의해야 하는 이유도 된다. 규칙적인 생활과 여유 있는 마음자세가 겨울을 건강하게 넘기는 방법임을 기억해야 한다.

잘 자야 내일이 활기차다

대체로 뇌를 가진 동물은 모두 잠을 잔다. 잠은 식욕과 같이 인간에게는 충족되어야 할 본능적인 욕구이다. 동물이나 인간이 왜 자야만 하는지는 아직 확실히 밝혀지지 않고 있다. 그러나 확실한 건 정신활동과 밀접하다는 점이다.

제2차세계대전 중 미국에서 강제로 잠을 못 자게 하는 단면실험(斷眠實驗)을 실시했다. 2~3일이 지나자 대다수에서 신경이 예민해지고, 기억력이 떨어지며, 착각이나 환각이 일어났는데 나흘째 되는 날에는 실험자 거의 모두 탈락하였다. 실험 후 정밀검사를 했더니 신체는 정상이었고 실험 과정에서 나타난 정신증상도 하룻밤 푹 잤더니 거의 소실되었다.

확실히 잘 자는 것이 건강한 일상생활을 보장해 준다.

잘 잔다는 것은 어떤 것일까……. 밤에 잠을 자고, 자는 곳을 침소(寢所)라 하면 올바른 수면 원칙이 있을 법하고, 직업이나 연령을 생각하면 개개인의 수면 상태나 질이 다른데 이를 염두에 두고 생각해야 적절한 답이 나오지 않을까!

잠과 관련된 말로 침상(寢牀)이란 말이 있다. 침상이란 잠을 자는 장소를 말한다. 옛 선조들은 침상의 글자처럼 나무(木)로 만든 침구를 이용하였다. 이러한 나무 침대를 평상(平床)이라고 하는데 의학적으로 여러 가지 효능을 기대할 수 있다. 딱딱하고 편편한 침대는 안정되어 있어서 체중이 전신으로 균등하게 분산되고 근육이 완전히 이완되어 깊은 잠을 잘 수 있게 되어 피로가 회복된다. 또한 낮에 서고 앉고 하는 동안 생기기 쉬운 척추의 아탈구(亞脫臼)가 조절된다. 척추의 아탈구는 주변의 신경이나 혈관을 압박해 기혈 순환에 장애를 주게 된다. 따라서 나무로 된 딱딱한 침상은 피부의 정맥을 자극해 심장으로의 귀로(歸路) 순환을 촉진한다. 침상의 선택이 중요한 대목이다.

잠의 형태도 다양하다. 깊이 잠이 드는 숙면(熟眠), 바로 깨는 천면(淺眠)이 있고, 육체노동을 하는 사람에게 많은 새벽형과 직장인에게서 흔히 보는 아침형 등이다. 모두 개인의 직업이나 체질과 관련되지만 도가 지나치거나 다른 증상이 나타나면 질병으로 생각해야 한다. 수면과 관련 있는 대표적인 질환은 불면증이다. 불면증이란 잠이 오지 않는 질환으로 취침곤란과 숙면곤란으로 나눌 수 있다. 취침곤란은 쉽사리 잠이 오지 않는 것이고, 수면곤란은 아무리 잠을 자도 깊은 잠을 자지 못해 수면부족을 느끼는 경우이다. 취침곤란은 건강한 사람에게도 환경변화와 같은 요인에 의해서도 나타나지만 숙면곤란은 정신적인 장애가 있을 때 많이 나타난다. 평소 수면에 문제가 없었는데 불면증이 나타나 계속된다면 반드시 원인을 찾아 치료를 받아야 한다.

아유 없이 갑자기 수면장애가 나타난다면 스스로 하는 자율훈련법이 도움이 된다. 잠이 안 올 때 숫자를 거꾸로 세는 방법인데 반복해 잠이 들 때까지 하는 것이 요령이다. 순서대로 숫자를 세면 효과가 없다.

수면장애가 소화기 질환과 관련 있는 경우도 흔하다. 한의학에서는 잠을 잘 오게 하는 운동법이 있다. 주로 팔다리를 움직이는 방법인데 팔다리는 오장 가운데 비장(脾臟)과 밀접하다. 비장은 소화기능뿐만 아니라 혈(血)을 주관하여 피가 체내 요소요소에 잘 공급되고, 잘 순환되도록 돕는 작용을 한다. 그리고 정신 활동과 밀접한 관련이 있다. 따라서 무슨 이유에서든지 생각을 많이 하거나 머리를 많이 쓰게 되면 비장에 영향을 준다. 흔히 시험 때 밥 생각이 없거나 신경 쓸 때 잘 체하는 것도 비장의 기능이 약해지기 때문이다. 체하면 머리가 아프거나 어지럽고 잠을 잘 자지 못하는 증상이 나타나는데 이때 비위 기능을 도와주는 팔다리 운동을 하면 도움이 된다. 꾸준한 사지의 운동이나 체조는 숙면을 할 수 있는 조건을 만들어 준다.

『활인심방』이란 책을 통해 평생 건강을 유지하신 퇴계 선생은 수면과 관련된 유익한 말씀을 전하고 있다.

"누워 자는 데는 마땅히 몸을 옆으로 하고 무릎을 굽혀야 하니 사람의 심기(心氣)에 유익하다. 잠을 깨어서는 마땅히 몸을 펼쳐야 하니 그리하면 정신이 흐트러지지 않는다. 또 잘 때 불을 밝히면 사람의 마음을 불안케 한다."

복잡한 사회를 살아가는 현대인들이 눈여겨 볼 대목이라 하겠다.

다시 찾고 싶은 성(性), 자연 속에 있다

    한의학에서는 인간의 연령에 따른 신체의 변화를 남녀로 구분하여 설명하고 있다.

    남성은 8이란 숫자로, 여성은 7이란 숫자로 남녀의 특징을 기술하고 있는데 흔히 이성(異性)을 느끼는 나이는 여성이 14세(7×2), 남성이 16세(8×2) 전후인데 성 호르몬이 활동하기 시작하는 시기와 일치한다. 이후의 신체 변화는 성의 특징에 따라 뚜렷이 구분되며 각기 지니고 있는 역할을 충실히 수행하게 되지만 49세(여성, 7×7), 64세(남성, 8×8) 전후가 되면 자식을 만드는 생식 능력은 자연히 상실된다.

    간혹 많은 남성들이 이런 내용에 반문을 하거나 항변(抗辯)도 하는데 이는 생식 능력을 성행위 능력과 혼동하고 있기 때문이다. 아마 자신의 성교 능력을 감안한 결과로 잘못된 성지식 중 하나라 할 수 있고 현재의 성문화의 한 단면이기도 하다.

일반의 관심을 끌고 있는 생식 능력과 성행위 능력에 대해 생각해 보자!

생식 능력은 자연이 베풀어준 한정된 능력이고 성행위 능력은 생식 능력과 관계없이 감정에 의해 표현되는 육체적인 행위라고 할 수 있다. 물론 생식 능력을 확인하려면 남녀의 성행위가 필수적이지만 이 경우 생식 능력과 성행위 능력은 관련이 없다. 쉽게 말해 정력과 생식 능력은 비례하지 않는다. 문제는 생식 능력은 매우 중요하지만 관심이 적다는 점이고, 성행위에 대한 일반의 생각은 그 단순한 역할에 비해 관심이 대단하다는 데 있다.

사전에 나와 있는 성의 의미나 해석은 실상 우리가 알고 있는 개념의 성과는 다르다. 그래서 사전적 의미보다는 행위 자체로 발생되는 다양한 문제들로 성문화란 용어가 생겨났고, 문화의 올바른 정착을 위해 사회적인 통제가 요구되고 있다. 하지만 성문화의 올바른 정착을 위해선 기본적으로 해결되어야 할 몇 가지가 있는데 그 중 의학의 역할도 큰 비중을 차지한다. 최근 큰 이슈가 되고 있는 '비아그라 신드롬'은 의학이 만들어낸 소중한 작품이지만 그 대단한 효능 뒤엔 우리가 알아야 할 그늘이 존재하고 있다.

이미 시판도 되기 전에 그 사용처나 방법 등에 대한 유해(有害) 공방이나, 약의 판매 이익에서 연유된 의사와 약사 간의 실랑이, 임상

실험에서 나타난 후유증이나 사망 등 사용 당사자는 물론 의료인조차도 혼란스럽기만 하다. 비아그라의 효능은 성행위를 가능하게 하는 발기부전(勃起不全) 치료제이며 그 대상이 주로 남성이다. 연령층도 장·노년층이 대부분이다. 시판과 동시에 엄청난 돈을 벌었고 사회적인 충격도 대단하다.

돈 얘기를 굳이 하는 것은 돈이 집중되는 곳은 언제나 인간의 욕심이 들어 있고 대부분 재앙이 숨어 있어 인간의 몸과 마음을 망칠 수 있기 때문이다. 그래서 인간의 원초적 욕망인 성욕을 돈으로 성취하려는 것은 극히 위험한 생각이며 복용 후 발생하는 모든 부작용(副作用)을 너무 안일하게 생각하고 있는 것이 아닌가 싶다.

노인이라고 해서 성에 대한 생각이 다를까?

앞에서도 말했지만 남녀의 생식 연령은 분명히 차이가 난다. 그러나 이후의 성행위는 생식 능력과 전혀 관계없이 이루어지고 있고 그 능력도 남녀의 차이는 다소 있지만 비슷하다. 다만 모든 것을 포용하고 그렇게 훈련된 수동적인 여성보다는 자신의 신체 변화에 민감하고 그 척도를 성행위 능력에 두고 있는 남성이 더 적극적이다. 그래서 신체 노화가 대부분 진행되는 노년기에는 성기능에 대한 애착도 심하고 능력을 보상받고 싶어 하는 욕구가 강하게 된다.

한의학에서는 성행위의 능력을 도와주고 치료하는 개념으로 강장(强壯)이란 용어를 사용하고 있다. 흔히 알고 있는 정력제(精力劑) 등도 대부분 강장 효과를 발휘한다. 특히 한의학 문헌에 수록된 강장제는 수천 년 동안 검증된 현대판 '비아그라'로 부작용에 대한 우려가 비교적 적다. 그래서 최근 비아그라를 대신할 자연 산물(産物)로 각광을 받고 있다. 그렇다고 양약과 같은 부작용이 없다는 말은 아니다. 좋은 음식도 많이 먹으면 탈이 나듯 좋은 강장제도 남용하면 큰 해(주로 비뇨생식기)를 입게 된다. 이런 강장제를 활용할 때는 몇 가지 지켜야 할 원칙이 있다. 꾸준히 적당량을 복용하여야 하고 약에 대한 믿음과 성생활의 절제다. 강장제의 복용은 능력을 회복시켜 주는 목적으로도

활용되지만 무절제한 설정(泄精)은 오히려 수명을 단축시킨다. 옛날 왕(王)의 행실을 보면 이해가 간다.

그런데 노인층이 주의해야 할 것이 있다. 바로 약제나 식품에 대한 맹신(盲信)인데 이는 제조하는 기업에 의한 과대광고에 따른 효과로도 이해되지만 결과적으로 효능이 없는 식품이나 약에 대한 맹신은 오히려 자신이 갖고 있는 자연치유력을 약화시킨다는 점을 알아야한다. 또한 남용은 인체의 불균형을 초래하게 되는데 자연의 특징인 형평성에도 위배된다. 형평성을 신체에 비유하면 음양(陰陽)의 조화라할 수 있다. 우리가 흔히 쓰고 있는 건강(健康)이란 말도 '편안하게 몸을 유지함'을 뜻하는 것으로 편안함은 몸의 좌우, 상하, 내외의 균형이 이루어져야만 가능하다.

최근 수명의 연장으로 노인층이 증가하고 있고 이에 따른 문제가 나타나고 있다. 독거(獨居)노인의 보편화, 노인 복지, 노인 건강 등이 새로운 사회 문제로 부각되고 있다. 이러한 문제는 빈부(貧富)와 관계없이 다양한 문제들을 안고 있다. 특히 건강 문제 중 성(性)에 대한 문제는 최근 사회 문제로 부각되고 있는 노인 꽃뱀 사건이나 노인 성병의 증가 등과 같은 예전에는 전혀 상상도 하지 못했던 일들이 벌어지고 있다. 성욕은 식욕과 같아 연령에 따른 자연스런 감소가 바람직하지만 이를 가능케 하는 요인은 정신적인 여유와 풍요로움이다. 정신적인 충만감을 위해선 물질보다 자연의 흐름에 공감하는 것이 필요한데 순천(順天)의 의미와 같다. 이러한 사고는 연령에 맞는 성생활을 이끌고 건강한 노년을 보장하는 기본적 사고로 그 의미의 중요성에 비해 실천이 쉽지 않다.

우리 몸을 이용한 방법은 자연의 소중함을 일깨워 줄 수 있고 순천(順天)의 원리에 입각한 방법이므로 공해 없이 노년기의 올바른 성생활에 도움을 줄 수 있다. 손쉽게 할 수 있는 방법 몇 가지를 소개하고자 한다.

우선 손발을 자주 마찰시키는 방법이다. 빈번한 손발자극은 수족(手足)의 순환은 물론 심신(心腎)의 안정에도 도움을 줄 수 있어 편안한 성생활을 유도할 수 있다. 양손을 이용한 요배(腰背) 부위의 마찰도 도움이 된다. 만일 마찰시 통증을 느끼면 콩팥이나 생식기에 장애가 있을 수 있다.

꾸준한 걷기 운동도 좋은 강장법(强壯法)인데 낮은 산을 오르고 내리는 등산이나 걸음의 보폭이나 속도를 인위로 조절하는 방법이 더 효과적이다. 목욕도 때로는 기능 향상과 행위 뒤 피로를 푸는 좋은 방법으로 더운물 한 가지만 사용하는 것보다 찬물(20℃ 전후)의 병용이 더 효과적이다.

정신적인 훈련으로 의념(意念)을 배꼽 아래에 두는 방법이 있다. 의념이란 생각을 한 곳에 집중하는 것으로 단전호흡의 기본이 되는 동작이다. 긍정적인 사고(思考)와 스트레스를 푸는 방법도 성기능 회복에 꼭 필요한데 평소 본인이 풀어온 방법을 전문가에게 검증을 받는 것도 좋은 안전장치이다.

제시한 몇 가지의 방법들은 일반적으로 알려진 건강 유지 방법이지만 그 유래는 자연에서 시작되었다. 때문에 신념을 갖고 꾸준하게 시행하면 자기만족과 함께 노년기의 건강한 성생활을 유지할 수 있다. 그러나 신념이 넘쳐 아집이 되면 오히려 의사에 의지해 건강을 지키는 방법만도 못한 결과를 낳을 수 있다. 필요에 따라 전문가와 상담하는 적절한 요령이 필요하다.

건망(健忘)과 치매(癡呆)

　　요즘 광우병(狂牛病)으로 음식문화에 큰 변화가 일어나고 있다. 평소 미식가의 사랑을 독차지한 소고기는 광우(狂牛)의 뜻처럼 천대를 받고 있다. 소고기의 소비를 촉진시키기 위한 대통령 이하 관련 부처의 PR(public relations)이 애처롭기까지 하다. 광우병은 소의 뇌세포가 원인 없이 죽어가는 신종 질환이다. 그리고 그 원인이 인간에게 있다. 인간은 사고의 능력이나 문명을 갖고 있어 어느 정도 방어가 가능하지만 소는 이유도 모른 채 죽어가고 있다.

　　인간 광우병을 우려하는 많은 분들이 치매가 광우병과 비슷한 것이 아니냐고 물어온다. 또 건망증이 심한데 치매가 되는 것이 아니냐고 말씀하신다. 어르신들을 위한 건강 강좌를 다녀보면 열이면 열, 이 문제에 대해 관심을 갖고 계신다. 과연 건망과 치매는 어떤 상관이 있을까! 그리고 건망이 심하면 과연 100% 치매가 되는가…….

건망은 기억을 잘 못하고 잊어버리는 증상이다. 이 점은 치매도 같다. 하지만 건망이 잊어버리는 현상에 대한 자각이 있는 반면, 치매는 그렇지 않다. 전혀 기억력이 없어졌다는 사실을 모른다. 잘 잊어버리는 현상은 사실 마음의 문제에 기인한다. 정상적인 사람도 무심코 들은 말은 잘 기억하지 못한다. 다른 생각이 앞서 있기 때문이다. 건망의 망자를 한자로 표시하면 '忘'인데 마음 심(心)이 포함되어 있다. 심리적인 요인이 작용함을 말해준다. 하지만 치매를 뜻하는 노망의 망은 전혀 그 의미가 다르다.

예로부터 치매를 일반인들은 노망이라 불렀다. 늙을 노(老)와 망령될 망(妄)으로 표기하였다. 노망이 무서운 건 인간으로서의 역할을 상실하기 때문이다. 그리고 주변 가족이나 사회에 큰 부담을 주기 때문이다. 그래서 국가나 사회는 치매환자의 증가에 신경을 쓰게 된다. 의학적으로 보면 건망과 치매는 여러 이론이 있다. 건망이 발전하여 치매가 된다든지, 건망과 치매는 별개라든지 일반이 쉽게 받아들이기 어려운 점이 있다. 최근 유전공학이 발달하면서 이 문제에 대한 근본적인 시각이 달라지고 있다. 잘 잊어버리는 유전인자는 그 확률로 보아 가능성이 높지 않지만 치매나 무도병 등은 거의 100%의 원인인자가 유전된다는 사실이다. 이런 사실은 우리가 어떻게 사는 것이 의미 있는지에 대한 생각을 하게 만든다. 유전적으로 발생하는 질환으로 고통 받는 사람들의 삶의 자세에 대해 다시금 생각하게 만든다.

컵에 물이 반밖에 남아 있지 않다고 슬퍼하는 사람과 반이나 남아 있어 희망과 즐거움을 갖고 있는 사람의 예는 우리가 어떻게 살아가야 하는지에 대한 방법론을 제시한다. 어려운 병일수록 병을 생각하는 자세는 매우 중요하다. 건망증이 심하다고 치매를 걱정하는 것보다 치매로 고생하는 사람을 통해 자기 관리와 예방에 힘을 쓴다면 건강하고 건전한 사회에 기여하는 길이 아닌가 한다.

중풍 예방과 목

계절이 추워지면 모든 것이 움츠러진다. 찬 성질이 물질을 경직(硬直)시키기 때문이다. 살아 있는 생명체는 물론 무생물도 같다. 그래서 겨울이 되면 생명체는 순환장애가 발생되고 생명이 없는 물체들은 부러지기 쉽다. 노인들이 흔히 경험하는 골절이나 외상의 경우 겨울철에 빈번하게 발생하는 이유도 이 때문이다.

겨울과 관련된 질환을 말할 때 역시 중풍을 제일 먼저 거론한다. 그만큼 자주 발생되고 발생되면 치료가 어렵기 때문이다. 그래서 그 치료법도 동·서양을 막론하고 무수히 많다. 현대의학은 물론 한의계의 중요한 수입원이 된다. 그러나 치료를 받는 환자 입장에서 보면 정말 억울하고 고생이 되는 병이라 할 수 있다. 결국 안 걸리는 것이 최선이다.

중풍 예방에 대한 원칙론은 무수히 많다. 고혈압 체크를 하라든지, 순환에 도움을 주는 식이요법이라든지, 중풍의 원인으로 알려진 습담(濕痰)의 제거라든지, 스트레스를 적절히 해소할 수 있는 생활요법의 꾸준한 활용이라든지 이루 헤아릴 수 없이 많다. 하지만 이러한 방법들은 시간과 관심이 요구되므로 개인에 따라 그 효과가 달라진다. 따라서 자신의 신체를 이용해 손쉽게 할 수 있는 동작이나 운동이 있다면 좀 더 많은 일반인들이나 어르신들에게 도움을 줄 수 있지 않을까 생각된다.

신체 부위 중 목은 어떤 의미가 있을까!

나쁘게 말해 쉽게 사람의 생명을 빼앗거나 고통을 줄 때 목 부위가 생각난다. 반대로 해석하면 그만큼 인체 중 중요한 부위로 여겨진다. 여러 의미로 보아도 목은 꽤 중요한 부위이다. 앞서 언급한 머리(정신)와 사지, 몸체를 이어주는 역할 뿐 아니라, 머리를 지탱한다든지, 뇌에 필요한 영양분과 기운을 전달하고 뇌의 지시를 사지와 몸통에 전달하여 생활에 지장이 없게 통로를 제공하고 있는 것도 중요한 목의 기능 중 하나이다. 그뿐 아니라 식도와 기관지의 중간 통로이기도 한데 만일 목에 손상이 오면 생명현상과 직결된다.

중풍과 목의 관계는 예방적인 측면에서 중요하다. 중풍의 전조 증상 중 하나인 두통과 항강(목이 뻣뻣함)의 증상은 뇌의 긴장 상태나 불안정을 뜻하는 것으로 이에 따른 휴식이나 조치를 우리 몸이 요구하는 것인데 이를 무시하면 결과적으로 뇌에 부담을 주어 뇌출혈과 뇌경색과 같은 뇌 순환장애를 야기해 중풍이 발생되기 쉽다. 목이 중풍의 신호를 감지하는 좋은 부위 중 하나라는 말이다.

스트레스가 쌓여 중풍이 오든, 심장을 포함한 순환 능력의 감소로 중풍이 오든, 목의 유연성과 적절한 이완은 중풍 예방에 중요하다. 몇 가지 운동이나 동작 중 특별히 효과가 있는 것으로 목 운동이 있는데 목을 전후, 좌우, 좌우 회전하는 동작으로 지속적인 시행(1일 3~4회, 1회

는 한 동작을 3회 반복 총 18동작)은 중풍을 예방하는 합리적인 방법이 될 수 있다.

동작은 비교적 간단하고 쉽다. 첫 동작은 목을 숙이는 것인데 이때 정 가운데에서 천천히 비교적 힘을 주어 끝까지 숙이고 이후 제 위치로 돌아오는데 힘을 빼고 좀 빠르게 동작한다. 이를 3회 반복하고 이후 다섯 동작도 같은 요령으로 시행한다. 만일 동작 시 목 뒤쪽에 심한 통증이 나타나거나 충분하게 굴신이나 회전이 안 되면 중풍 발생 요건이 높다고 할 수 있고, 약한 통증과 함께 시원한 느낌이 있으면 지속적인 스트레스를 받고 있다는 증거로 전반적인 점검을 받는 것이 좋다고 하겠다.

중화탕(中和湯)의 지혜

중화탕은 퇴계 선생께서 쓰신 『활인심방』에 나오는 처방이다. 의학을 전혀 공부하지 않은 선생의 경력으로 볼 때 다소 의아하지만 선생의 일생을 살펴보면 수긍이 간다. 퇴계 선생은 1501년 연산군 7년 음력 11월 25일 경상도 안동군 도산면 온혜동에서 진사인 이식(李埴)의 8남매 중 막내로 태어났다. 성은 이(李), 이름은 황(滉), 자는 경호(京浩), 호는 퇴계(退溪) 혹은 도유(陶叟), 퇴도(退陶), 청량산인(清凉山人) 등이며 관향(貫鄕)은 진보(眞寶)이다. 출생 전 선생의 어머니는 공자를 대면하고 그의 문하에 드는 꿈을 꾸고 퇴계를 낳았다고 한다. 퇴계 선생이 건강에 대해 관심을 갖게 된 것은 20세 무렵이라 추측되는데 책 읽기를 너무 좋아해 이췌(羸悴: 몸이 마르고 수척해지는 병)가 발생된 시기로 이때부터 건강과 관련된 책에 관심을 가졌으리라 생각된다.

『활인심방』은 명 태조의 열여섯째 아들인 구선이 지은 『활인심법』을 인용, 기록한 책으로 주로 양생(養生)과 관련된 내용만을 국한하여 만들어졌다. 특히 정신의 중요성을 강조하고 있어 올바르고 건전한 마음을 닦기 위한 수양 방법을 여러 차례 소개하고 있는데 중화탕(中和湯), 화기환(和氣丸), 치심(治心), 보양정신(保養精神) 등이 이에 해당된다. 중화탕은 서문 바로 다음에 나오는 첫 번째 마음 다스리는 방법으로 요즘 현실을 감안하면 의미하는 바가 크다. 내용과 보충 설명을 통해 그 중요성을 설명하고자 한다.

의사들이 치료하지 못하는 일체의 병을 다스림. 복용하면 원기(元氣)가 튼튼해지고 사기(邪氣)가 침입치 못해 만병이 발생하지 못하여 가히 장수해서 유감이 없을 것이다.

생각을 간사히 갖지 말 것.
좋은 일을 행할 것.
속이는 마음을 없게 할 것.
필요한 방법을 잘 선택할 것.
자기 본분을 지킬 것.
시기하고 질투하지 말 것.
교활하고 간사함을 없앨 것.
성실히 행할 것.

하늘의 이치에 따를 것.

운명의 한계를 알 것.

마음을 맑고 깨끗이 할 것.

욕심을 적게 할 것.

참고 견딜 것.

유순하게 처신할 것.

겸손하고 온화할 것.

주어진 조건에 만족할 줄 알 것.

청렴하고 조심할 것.

착한 마음을 가질 것.

절약하고 검소할 것.

한쪽에 치우치지 말고 중용을 지킬 것.

살생을 경계할 것.

성냄을 경계할 것.

거칠게 행하지 말 것.

탐욕을 경계할 것.

삼가하고 독실(篤實)할 것.

사물의 기틀을 알 것.

사랑을 지닐 것.

물러서야 할 때 담담히 물러날 것.

고요함을 지닐 것.

음덕(陰德)을 쌓을 것.

위의 서른 가지 재료(생활지침)를 씹어서 가루로 만들어, 한 근(斤)의 심화(心火)로 두 종기의 신수(腎水)를 그 반으로 줄 때까지 약하게 달여 아무 때나 따뜻하게 복용할 것.

한쪽에 치우치지 않고 잘 조화시켜 달여 먹는다는 뜻의 이 처방은 물질적인 약(藥)이 아니라 만병의 근원인 마음을 잘 다스려야 함을 강조하고 있는데, 의술로 치료하기 힘든 병들을 고치고 원기(元氣)를 도

와 사기(邪氣)를 막아 건강하게 오래 살 수 있는 정신치료법으로 요약
된다.

사람에 있어 정신과 육체는 불가분의 관계가 있다. 이는 주종(主從)
의 관계가 아니라 상호 협조의 관계라 할 수 있다. 정신은 육체를 빌
어 현실세계에 대한 욕구를 충족하고 육신은 이에 맞는 영화를 누릴
수 있게 된다. 그런데 정신과 육신과의 상호 의존적 관계는 반드시 우
호적이지 않아 대립적인 면도 갖게 된다. 이러한 대립의 양상은 작게
는 건강의 불균형을 초래하지만 크게는 인간 자체의 파괴를 야기하
기도 한다.

작금의 인류 문명은 보이는 문화에 집착하고 있다. 이러한 시대적
배경은 사회는 물론 의학에서도 주류를 이루어 왔는데 수명 연장이
나 질병 관리에는 크게 기여하였지만 정신과 관련된 질병에는 뚜렷
한 치료 방향을 제시하지 못하고 있는 실정이다. 다행히 20세기 후반
부터 정신 건강이 선행되어야 각종 질환의 예방과 치료율을 높일 수
있다는 생각들이 대두되어 각 분야에서 정신 건강을 중요하게 인식
하게 되었다.

일반적으로 한의학에서 탕제(湯劑)는 비교적 빠른 효과를 기대할
때 사용된다. 탕이란 약물을 배합하여 방제(方劑)를 만들고 물을 넣고
달여 액(液)이 되도록 하는 작업이며 흔히 한약을 복용하는 방법이다.
탕(湯)은 약물이 체내에 흡수되기 쉽도록 전해질 상태를 만드는데 빠

른 흡수를 도와 약효를 극대화시키는 데 목적이 있어 급성 질환에 많이 사용된다.

약재를 끓일 때 물과 불은 반드시 필요한데 중화탕에서는 물은 신수(腎水)를, 불은 심화(心火)를 사용하라 하였다. 이는 매우 의미 있는 표현으로 인체 활동의 근원이 물(水)과 불(火)에서 시작됨을 암시하고 있다.

인체에는 불 기운(심장)과 물 기운(신장)이 있어 심장은 위쪽, 신장은 아래쪽에 위치한다. 이는 불꽃이 위로 향하고 물이 아래로 흐르는 모습과 일치한다. 이 두 기운은 서로 협력하여 인체 활동을 주관하는데 물은 불이 경거망동하지 못하도록 열기를 식히고, 불은 물을 적절히 데워 인체에 필요한 물질을 공급하고 있다. 때문에 물이 부족하면 불을 조절하지 못해 머리 쪽으로 열(熱)이 올라와 두통이나 어지러움 등의 증상이 나타나고, 반대로 불이 부족하면 물이 체내에 넘쳐 손발이 붓고 사지가 무력한 증상이 발현된다.

중화탕에 들어가는 30가지의 좋은 약재를 마음속으로 새기면 온갖 잡념과 스트레스가 해소되어 건강한 생활을 영위할 수 있게 된다. 개인은 물론 병든 사회를 치유하는 좋은 방법이기 때문이다.

안전과 예방의학

'소 잃고 외양간 고친다'는 속담이 있다. 농사에 필요한 소를 잃고 나서야 외양간을 고친다는 뜻이다. 미리 대비 못해 벌어지는 일을 빗댄 말로 우리 몸의 건강에도 해당된다.

대다수 사람들은 살아가는 데 돈을 꽤 중요하게 생각한다. 인생을 행복하고 풍요롭게 해준다고 생각해 돈을 많이 벌려고 한다. 그런데 건강은 돈과 크게 관련이 없는 듯하다. 혹자는 아프거나 큰 병이 걸려도 돈이 있으면 큰 문제가 되지 않는다고 우기지만 막상 질병이 생기면 그렇지 않다. 특히 암, 중풍, 치매 등과 같은 난치병이면 사정은 달라진다.

소 잃고 후회하듯 돈이나 명예를 갑자기 잃고 난 뒤 나타나는 병이 있다. 『동의보감』에 기록되어 있는 탈영(脫營)과 실정(失精)이다. 탈영

(脫營)은 귀(貴)한 사람이 갑자기 천(賤)하게 된 경우, 실정(失精)은 부자(富者)가 갑자기 가난해져 나타나는 병이다. 둘 다 매사 의욕이 없어지고 입맛이 없으며 집중력이 감퇴되고 몸이 마르게 된다.

지금의 환경은 과거보다 사회구조가 훨씬 복잡해 탈영이나 실정이 훨씬 많이 나타난다. 치료도 쉽지 않고 효과도 개인에 따라 차이가 나는데 치료의 성패(成敗)는 환자의 마음가짐이나 현실 적응능력에 달려 있다. 그런데 이상한 것은 실추된 명예나 손해 본 재물이 원상으로 회복되어도 증상이 없어지지 않는다는 점이다. 일단 몸과 마음이 상처 받으면 회복도 어렵지만 후유증이 남아 고통 받기 때문인데 외양간에 비교하면 다시 소를 잃을까 봐 항상 불안해한다는 말과 통한다.

돈과 명예는 확실히 사람들을 구속하는 힘이 있다. 특히 돈은 사람들의 안전을 해치는 요인도 되는데 경제 활동을 위해 돈을 버는 우리들의 처지를 보면 쉽게 수긍이 간다. 사실 일은 우리에게 돈뿐만 아니라 보람과 성취감을 주지만 무리하거나 싫은 일을 억지로 하게 되면 무기력해지거나 집중력을 잃게 되어 사고로 이어지기도 한다. 그 이유는 심신(心身)의 균형이 깨지고 몸을 편안하게 유지하게 하는 능력이 상실되기 때문인데 사업장에서 방심해 일어나는 사고나 안전수칙을 무시해 발생하는 재해도 포함된다. 이런 사고의 이면에는 항상 욕심이나 사심(私心)이 있는데 근로자, 사업주 모두 해당된다.

안전을 무시하면 재해를 입는다. 재해는 원인과 드러난 상황에 따라 천재(天災)나 인재(人災)로 구분되는데 자연에 의해 발생되는 천재는 어쩔 수 없다고 하겠지만, 인재는 말 그대로 사람이 원인이 된 사고라 할 수 있다. 그런데 인재의 경우 조금만 주의하면 사고를 방지할 수 있고 사고 전에 조짐을 감지할 수 있는데 이를 무시하기 때문에 큰 사고로 연결된다. 각자의 직장을 생각해 보면 쉽게 이해가 갈 것이다. 최근 들어 발생되는 대형 사고의 대부분은 사전 경고를 무시하고, 안전수칙을 지키지 않아 일어난 것임을 감안하면 안전은 아무리 강조해도 지나친 말이 아니다.

의학에서도 안전과 같은 의미인 예방을 강조하는 예방의학이 있다. 예방의학의 목적은 사전에 병이 생기는 조짐을 없애 질병을 방지하는 것인데 최근 들어 그 중요성이 인식되고 있다. 복잡한 사회, 다양한 병, 그리고 만성으로 진행되는 모든 병들이 의식주와 생활환경의 개선을 통해 예방 가능하다는 연구 결과들이 이를 뒷받침하기 때문이다. 하지만 의식주나 환경의 개선은 많은 인내와 기간이 필요하고 각자의 의지와 믿음이 중요하므로 이에 대한 인식이 우선 되어야 한다.

한의학에서 표현하는 '치미병(治未病)'은 예방의학의 핵심에 해당된다. 병이 되기 전에 다스려야 한다는 말로 자연치유력과 관련이 있다. 자연치유력은 조물주가 인간에 준 가장 확실한 치료방법으로 면역력과 직결된다. 지금의 환경이 면역력을 저하시키고 그래서 질병의 회복률을 떨어뜨리는 현실을 감안할 때 자연치유력은 의미하는 바가 크다.

안전과 예방의학은 공통점이 있다. 전자는 사고를 방지하는 지침이 되고, 후자는 우리의 몸을 질병으로부터 자유롭게 만드는 방편이 된다. 일을 하기 전에 충분히 몸을 풀고 집중력을 높이는 것도 재해를 줄이는 방법이고, 우리 몸의 건강을 위해 규칙적으로 운동하고 충분한 휴식을 취하는 것도 질병을 예방하는 방법인 것이다. 결국 규칙적인 생활과 균형 잡힌 업무는 몸에 있는 자연치유력을 유지하게 만드는 지름길이며 안전한 삶을 영위하게 만든다.

안전과 예방의학이 튼튼한 외양간을 만들어 길 잃은 소까지 얻는 행운을 준다고 하면 필자의 무리한 주장일까…….

유행과 건강 지키기

계절이 바뀌면 그 바뀐 모습에서 우리 자신을 발견하곤 한다. 미처 생각하지 못했던 친구나 가족, 그리고 자기 자신도 돌아보게 된다. 어르신의 경우 겨울에는 어떤 생각들을 하고 계실까?

겨울이 되면 특성상 움직임이 적고 에너지 소비도 적게 된다. 적다는 것은 그만큼 여분의 에너지가 몸에 축적되어 있어야 함을 의미하는데 자연의 모든 생명도 이런 원칙에 따라 내년을 위해 휴식을 취하고 있다. 인간의 경우는 어떨까?

이른바 유행이란 것이 사람을 어리석게 만든다. 조금 보기 좋다고, 남들과 차별된다고 별 의식 없이 따르는 것이 현실이다. 유행하면 몸에 치장하는 옷이나 장식을 우선 생각하지만 일상을 잘 관찰하면 모든 분야에 유행이 내재되어 있음을 알게 된다.

건강을 유지하고 증진하는 방법도 유행이 있을까!

있다, 하지만 우리들이 심사숙고할 내용이 몇 가지 있는데 특히 먹는 것은 우리 몸의 활동과 직결되어 있어 잘못 이해하게 되면 해를 입기 쉽다.

음식에는 성질이 있다. 그래서 주식으로, 때론 양념으로 사용되는데 한의학에선 이런 성질을 성미(性味)라 표현하고 그 역할에 따라 등급을 나누고 있다. 늘 먹는 음식이 얼마나 우리 몸에 영향을 미칠까! 많은 연구에 비해 답변이 쉽지 않다. 하지만 중요한 것은 예전부터 알려지고 활용된 음식이 안전하고 확실하다는 점이고, 그래서 최근 현대과학에서도 새로운 물질이나 합성물의 연구에서 점차 천연물이나 전통 음식에 관심을 두고 있다.

텔레비전에 소개된 건강식품이 불티나게 팔리고, 마치 이런 건강식품이 단지 몇 번만 먹어도 질병 치료나 건강 증진에 도움을 줄 수 있다는 허구는 사회를 혼란에 빠뜨리는 일종의 테러와 같다. 반면 물, 공기, 태양 등의 자연 인자는 인간의 생명과 직결되고 생명을 유지하는 근본인데 그 중요성만큼 대접을 못 받는 것도 유행에 민감한 인간들의 과오라 여겨진다.

어르신은 특정한 개체가 아니다. 소아, 청년, 장년을 거친 연속성을 가진 실체로 그만큼 어르신이 되기 어렵다는 뜻과 같다. 건강을 지키는 방법도 꾸준하고 지속성을 가져야 하는데 유행에 현혹되면 건강을 지키기 어렵게 된다. 유행도 결국 돌다보면 다시 제자리에 오는 경우가 대부분이어서 꾸준히 자기중심을 지키는 방법이 현명하다고 하겠다.

통증 관리 ·

병원에 가는 가장 큰 이유로 통증(痛症)을 꼽는다. 그만큼 통증은 우리를 괴롭히는 증상에 해당된다. 통증은 아프다는 뜻으로 생물이 갖는 특성이며 살아있다는 증거라 할 수 있다. 흔히 믿기 어려운 일을 당했을 때 재차 이를 확인하기 위해 하는 꼬집는 동작도 어떻게 보면 통증을 통해 현실을 깨우쳐주는 동작이라 할 수 있다.

통증의 통(痛)은 재미있는 단어다. 심통, 요통, 복통, 두통 등과 같이 인체 부위의 명칭 뒤에 붙으면 그 부위의 아픈 증상을 뜻하지만 통석(痛惜), 통절(痛切), 통치(痛治), 통쾌(痛快) 등과 같이 앞에 오면 매우, 준엄하게, 대단히 등의 의미로 쓰인다. 아픔을 뼈저리게 느낄 만큼 엄격하게 통제한다는 말과 통한다. 한자를 풀이하면 병들어 누울 녁(疒)과 솟을 용(甬)이 합쳐진 글자로 아픔이 솟구쳐 높게 만든다는 의미도 담고 있다.

우리 몸에 통증이 나타나면 우선 통증의 원인보다 통증 제거에 더 관심이 간다. 하지만 원인 없는 증상이 없듯이 통증에는 다 이유가 있다. 이를 무시하고 통증을 제거하는 데 집착한다면 호미로 막을 병을 가래로도 막지 못하는 결과를 초래하게 된다.

직업을 갖고 있는 대다수의 사람은 직업과 관련된 통증을 경험하게 된다. 신경을 많이 쓰는 직업이라면 주로 두통과 뒷목의 경직으로 발생한 항강통이 많고, 육체노동을 주로 한다면 많이 사용하는 부위, 예를 들면 관절이나 근육통을 경험하게 된다. 두 경우 모두 통증이 나타나면 자기도 모르게 아픈 부위를 만지게 되고 누워 쉬고 싶은 생각이 드는데 실제로 적절한 휴식과 안정을 취하면 회복되는 경우가 많다.

하지만 현실은 우리 몸이 요구하는 만큼의 여유가 없다. 그래서 가까운 병원을 찾게 되고 일단 통증을 신속하게 제거하려는 생각이 앞서게 된다. 간단한 약물이나 주사로 통증이 소실되고 재발이 없다면 다행이지만 반복적인 통증으로 이어지고 점차 약이나 주사로도 통증이 소실되지 않는다면 큰 문제가 아닐 수 없다.

요즘 서양에서는 대체의학 붐이 일고 있다. 이유인즉 현대의학으로 극복하지 못하는 증상이나 질환이 늘어나고 있기 때문인데 통증도 같은 맥락이다. 해외에서 만난 서양의사들이 통증을 경감시키고 질병을 치료하기 위해 침(鍼)을 사용하고 생약을 이용하는 것을 보면 한의학의 치료원리가 점차 확대되는 것 같아 반갑기까지 하다.

통증에 대해 한의학에서는 '통즉불통(通則不痛), 불통즉통(不通則痛)'으로 요약된다. 현대의학에서 말하는 순환과 대사가 원활하면 통증은 나타나지 않고 반대라면 통증이 발생한다는 이론이다. 물론 한의학에서는 기혈(氣血)의 흐름을 중시하는데 만일 기혈이 막히면 통증이 나타나고 정상적인 흐름을 유지하면 통증이 없다는 말과 같다.

통증의 양상이나 종류는 원인과 개인에 따라 다르다. 찌르는 듯한 자통(刺痛), 얻어맞은 것 같은 둔통(鈍痛), 염증 소견에서 나타나는 작열통(灼熱痛) 등이 있지만 임상에서는 통증의 급성과 만성이 병의 경중을 판단하는 기준이 된다. 급성 통증은 순환이나 대사가 급격히 장애를 받아 나타나는 것으로 심한 감기나 몸살로 나타나는 두통, 관절통, 인후통과 심근경색으로 인한 흉통, 충수염의 복통 등이 해당된다. 만성의 경우는 일상생활이 가능하면서 나타나는 경우가 대부분이다.

급성, 만성 통증은 둘 다 심리적인 요인이 작용하는데 최근 긴장성근육통증후군(TMS: Tension Myositis Syndrome)의 원인이 정신적인 요인에 의해 나타나고 그 치료도 정신적 요인을 감안해야 한다는 이론이 대두되고 인정받고 있어, 통증을 관리하는 데 정신적인 요인도 함께 고려해야 된다.

병원이 없거나 가까운 곳에서 의사의 진료를 받지 못한다면 부득이 본인이 통증 관리를 해야 한다. 통증의 정도는 기후와 관련이 깊은

데 일반적으로 바람, 추위, 습기 등은 통증을 악화시키고 따뜻함, 건조함, 온화한 기후 조건은 통증을 경감시키는 작용이 있다. 혼자서 할 수 있는 간단한 방법으로 국소 지압이 있는데 아픈 곳을 강하게 자극하면 통증이 경감된다. 이는 국소 자극을 통해 자연치유력을 활발하게 만들기 때문이다.

통증이 심해 그 부위를 누르기 어렵다면 양손을 비벼 그 열감(熱感)을 아픈 곳에 대는 방법이 있다. '할머니 손이 약손'을 떠올리면 쉽게 이해가 가는데 생각 외로 효과가 높다. 좀 더 적극적인 방법은 양 엄

지손가락과 엄지발가락의 끝을 사혈(瀉血)시키는 방법인데 기혈이 갑자기 막혀 발생하는 두통, 흉통, 복통 등에 효과가 있다.

소개한 통증의 자가 관리 방법은 진료를 받을 수 없는 응급의 경우로 원칙은 의사의 진찰이 우선되어야 한다.

갱년기와 노화

흔히 인생의 과정을 나이로 구분하면 젖을 먹을 때의 유년기(乳年期), 어릴 때의 유년기(幼年期), 공부에 전념하는 청소년기(靑少年期), 그리고 성인 이후의 장년기(壯年期)와 노년기(老年期)로 대별된다. 특히 성인 이후의 구분은 모호한데 이는 외형적인 변화가 크게 없기 때문이다.

그런데 40대 후반에 자주 등장하는 갱년기란 과연 어떤 시기일까? 분명 앞서 말한 연령적 구분과는 차이가 있는 말이지만 의학적으로 의미하는 바는 크다고 할 수 있다. 갱년기는 다시 시작되는 시기를 말하는 것으로 다시라는 의미가 불분명하다. 좋게 생각하면 지금까지의 사회적 경험을 정리하여 새로운 출발을 할 수 있는 시기로 풀이할 수 있지만 정작 의학적으로는 다시 한 번 크게 보충을 받아야 하는 중요한 시기가 된다.

특히 여성과 갱년기는 밀접하다. 물론 갱년기가 여성에게만 있는 것은 아니다. 하지만 남성과 달리 여성은 폐경이라는 특별한 과정을 밟기 때문에 남자보다 표출되는 증상이 다양하고 그 정도도 심하다. 이유 없이 얼굴이 화끈거리고, 가슴이 두근거리며, 별일이 아닌데도 잘 놀라며, 항시 불안해 쫓기는 심리 상태가 전형적인 증상이다. 신체의 변화도 다양해 만성피로증후군같이 두통, 피로, 사지무력, 집중력 감퇴, 건망 및 의욕상실 등이 나타나며 그 정도가 심하면 노인성 질환으로 이환되기 쉽다.

노화와 갱년기장애는 불가분의 관계에 있다. 옛 문헌을 보면 50대 전후부터 늙는다고 했는데 요즘 같은 사회 환경으로는 40대 이전부터 시작된다고 할 수 있다. 비록 평균수명은 늘어났지만 노화를 촉진하는 각종 인자의 증가와 이에 적절하게 대처하지 못하는 까닭으로 노화가 빨라지고 있다. 갱년기의 증상들이 점점 낮은 연령층에서 나타나는 것만 봐도 이해가 된다.

한의학에서는 50대 이후에는 간질환을 조심하라고 하였다. 물론 눈이 침침하거나 가까운 것이 잘 보이지 않는 원시는 흔히 경험하는 것이지만 신진대사나 호르몬대사에 직·간접으로 관여하는 간장의 노화는 갱년기장애를 초래하는 직접적인 원인이 된다. 때문에 간에 대한 관심은 갱년기를 잘 넘기는 방법이 된다.

간의 기능은 너무 많고 중요해 나라로 비유하면 임금을 보좌하고 나라를 지키는 장군의 역할에 해당된다. 또한 임기응변과 꾀를 낼 수 있는 장기로 표현되고 있어 정신적인 사고 능력과 관련된다. 때문에 생각을 많이 하거나 고민을 자주 하게 되면 간에 직접적인 영향을 미치게 된다. 40대가 갱년기의 주가 되는 것도 바로 이러한 사회적인 요구에 기인된다고 하겠다. 간에 좋다는 식품이나 약물은 많다고 하지만 일단 간이 나빠지면 효과를 기대하기 어렵다. 때문에 간 기능검사나 간에 대한 노화검진이 필요하다. 갱년기를 무시하고 무리하게 생활하면 바로 간질환이 발생되고 심하면 생명에도 위험을 주는데 세계에서 우리나라가 40대 사망률 1위라는 점은 창피하지만 되새겨볼 대목이다.

여성의 경우 갱년기에 나타나는 증상이 심해 이에 대한 대처가 쉽게 이루어지는 반면, 남성의 경우 그 증상이 심하지 않아 대처가 늦어져 노화로 진행된다는 점은 남성도 갱년기 관리가 필요함을 단적으로 보여주는 예라 하겠다.

노인병 연구의 의미

대학을 졸업할 때만 해도 의학이 인간의 모든 질병을 해결할 수 있다고 믿었다. 재학시절 무의촌에서의 의료봉사와 섣부른 임상경험이 질병을 쉽게 생각하게 만든 동기가 되었는지도 모른다.

졸업과 함께 시작된 수련과정은 의학의 한계를 느끼게 하였고 왜 그토록 많은 의학 서적이 필요한지도 알게 되었다. 낫는 병과 낫지 않는 병, 그리고 죽는 병의 구분이 의술에 있지 않고 환자의 마음에 있다는 것도 깨달았고 연령에 따라 치료 방법이 달라져야 한다는 소신도 생겼다.

노인병에 대한 관심은 대학병원에서 많은 입원 환자를 경험하면서 갖게 되었고 선진국의 의료시설과 체계를 둘러보면서 우리 실정에 맞는 노인 관련 의료시스템이 있어야 됨을 깨닫게 되었다. 그리고 이를 위해선 노인병에 대한 연구가 가장 먼저 이루어져야 한다는 사실을 알게 되었다.

노인병은 노년기가 되면 생기는 병이 아니다. 장년층부터 이미 시작되는 질병이다. 노년이 되어 노인병을 치료하는 것은 관리만을 위한 차원 낮은 방법이다. 1998년 1월부터 시작된 한국노인병연구소의 업무는 노인병 예방에 중점을 두었다. 그래서 노인병에 대한 정보와 지식을 알리기 위해 소식지 『건강한 노년』을 발행하였다. 그리고 노년층과 직접적인 접촉을 통해 어떤 방법이 효과적인지를 연구하게 되었고 건강 강연과 세미나 등은 좋은 시도로 기억된다.

2002년 8월부터 발행된 월간 『노인병』은 그동안 축적된 연구소의 자료가 기초가 되었고 중·노년층들이 관심을 갖고 있는 노인병, 난치병, 그리고 노화관리 방법들을 제공하였다. 온고지신(溫故知新)에 따라 예로부터 내려온 어르신 건강관리 방법도 소개하였고 생활 속에서 실행할 수 있는 예방 요령도 제공하였으며 연령에 맞는 노인 건강지수도 소개하였다. 모두 자신의 건강에 관심을 갖게 하여 질환 발생을 줄이자는 시도에서 출발하였다.

동양의학과 서양의학이 공존하고 있는 우리나라는 세계에서 가장 모범적인 건강 관리 방법을 만들 수 있다. 특히 늘어만 가는 노년층은 의료 분야의 새로운 관리 계층이 되고 있어 이 계층에 대한 학교, 의료계, 연구소의 역할이 요구되는 시기이기도 하다.

월간 『노인병』은 이 분야에 초석이 되었다. 연구소를 처음 열었을 때의 마음처럼 건강하고 건전한 노년층 형성에 기여하도록 노력할 것이며 기회가 주어진다면 건강한 노인문화에도 일익을 담당하여 노년층이 건전한 사회계층으로 자리 잡을 수 있도록 힘을 보탤까 한다.

백세

연세가 어떻게 되십니까?

가상의 대화를 통해 과거와 지금의 연령에 따른 신체 변화를 알아보겠습니다. 노인성 질환의 예방과 관리에 도움이 될 것으로 기대됩니다.

황제(黃帝)가 그의 신하 기백(岐伯)에게 물어봅니다.

"사람 기운이 성(盛)하고 쇠(衰)해 죽음에 이르는 이유에 대해 듣고 싶소."

기백이 다음과 같이 답을 합니다.

"사람의 수명을 100세라 하면 10년 단위로 나누어 설명할 수 있습니다. 열 살쯤 되면 오장(五臟)이 비로소 안정됩니다. 혈기가 이미 통해 있는데 그 기운이 아래에 있게 됩니다. 그래서 달리기(走)를 좋아합니다."

연구소장이 물어봅니다.

"만일 열 살쯤 된 아이가 잘 달리지 않고 다리에 힘이 없다면 제대로 성장하기 어렵겠네요?"

"그렇습니다. 그때는 기운이 아래로 모여 주로 지지하는 장기를 강화하도록 되어 있습니다. 그런데 그 기능이 약해 잘 달리지 못하면 성장에 장애를 주게 되지요. 마치 모래 위에 성을 쌓는 것과 같습니다."

황제가 의견을 말합니다.

"잘 달리지 못하도록 앉아 공부만 시키는 지금의 교육 방식은 내일을 짊어질 아이들에게는 해(害)가 되겠는 걸……. 이를 빨리 시정해야겠구나. 스무 살쯤에는 어떤 신체적 특징이 있나?"

기백이 말합니다.

"스물이 되면 비로소 혈기가 왕성(旺盛)해져 신체가 사방으로 길어집니다. 그래서 빨리 걷는 것(趨)을 좋아합니다."

황제가 물어봅니다.

"신체가 사방으로 길어진다는 것은 성장이 극에 달한다는 뜻과 같은 의미인가?"

"그렇습니다, 하지만 그 기준은 개인에 따라 다릅니다."

연구소장도 의견을 제시합니다.

"최근에는 실제로 옛날보다 신장이 커지고 있습니다. 하지만 체력은 오히려 떨어지고 있습니다. 말씀하신 사방, 즉 균형 있게 성장이 되지 않고 있다는 것으로 해석됩니다. 과거에 비해 자라나는 환경이 복잡해 일어나는 일이라 여겨집니다."

황제가 지금의 환경에 대해 연구소장에게 물어봅니다.

"우리가 살던 시대와 지금 시대의 가장 큰 차이는 무엇인가?"

"스트레스입니다. 사회가 복잡해진 만큼 이에 따라 함께 나타나는 많은 독소(毒素)가 비정상적인 성장과 불균형을 이루게 만듭니다. 옛 문헌의 화(火)를 다스리는 방법이 많이 필요해졌습니다. 기백님! 서른 쯤 되면 어떤 특성이 나타납니까?"

기백이 답합니다.

"오장이 크게 안정됩니다. 신체가 단단해지고 혈기가 왕성하고 충만해 걷기를 좋아합니다."

황제가 연구소장에게 물어봅니다.

"이때가 신체적, 정신적으로 가장 안정된 시기라 여겨지는데 지금의 사람들은 잘 걷지 않는다면서, 그러면 몸이 불편하지 않은가?"

"지금의 환경이 잘 걷지 않게 만들어 상대적으로 상체가 실(實)해 상부에 불편한 점이 생겼습니다. 목을 중심으로 앞쪽의 가슴은 항상 흥분되어 있고, 뒤쪽은 경직되어 있어 상체가 불균형을 이루고 있습니다."

기백이 말을 이어갑니다.

"사실 삼십이 넘어 사십이 되면 노화가 시작되는데, 마흔쯤 되면 오장육부와 십이경락 모두 크게 성(盛)하고 편안합니다. 하지만 피부

근육이 약해지고 단단함이 퇴락해지기 시작합니다. 머리카락이 희기 시작하며 늘 안정되어 흔들림이 없는데 그래서 앉아 있는 것을 좋아합니다."

황제가 말을 받습니다.

"마흔부터 노화가 시작된다는 말은 맞는 것 같다. 오십부터는 많은 질병들이 있을 것 같은데 그런가?"

기백이 정중하게 답변을 합니다.

"이제부터는 각자의 살아온 방식에 의해 질병이 생깁니다. 하지만 지금 소개하는 내용은 일반적으로 노화되는 순서를 말하고 있습니다. 먼저 오십부터 말씀드리겠습니다. 오십이 되면 간기(肝氣)가 서서히 약해집니다. 간엽이 얇아지고 담즙이 줄어듭니다. 눈이 점점 침침해집니다. 또 육십이 되면 심기(心氣)가 쇠약해지기 시작합니다. 감정적으로도 울적합니다. 혈기는 늘어져 잘 소통이 안 됩니다. 그래서 눕기를 좋아합니다. 칠십이 되면 비기(脾氣)가 허약해집니다. 피부가 거칠어지지요. 팔십이 되면 폐기(肺氣)가 쇠약해집니다. 정신이 이탈되어 말에 오류가 많습니다. 팔십 전후에 치매가 많은 이유도 무관하지 않습니다. 구십이 되면 신기(腎氣)가 다 타서 나머지 네 개의 장기의 경맥 또한 비게 됩니다. 마지막으로 백세가 되면 오장이 다 허해집니다. 신기(神氣)는 다 없어지고 형체만 남아 생을 마감합니다."

황제가 심각한 표정으로 말합니다.

"10년씩 끊어 인생을 논하니 일장춘몽 같네!"

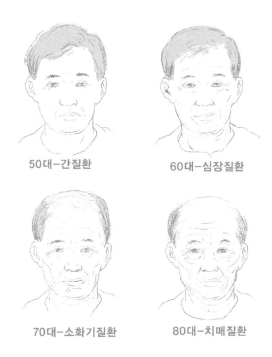

50대-간질환　　　60대-심장질환

70대-소화기질환　　　80대-치매질환

연구소장도 느낀 점을 얘기합니다.

"현대의 질병을 논하면 오십에 간질환, 육십에 심장질환, 칠십에 소화기질환으로 고생을 많이 합니다. 그 고비를 넘기면 팔십부터 건망과 치매로 고생하지요. 구십부터는 체력문제인 걸 보면 『황제내경』 「영추천년(靈樞天年)」의 내용은 지금도 충분히 의미가 있네요."

"지금의 사람들에게 좋은 정보가 되었다면 다행이고 앞으로도 많은 연구와 노력이 필요하리라 생각하네. 연구소장의 건투와 행운을 비네!"

감기

감기는 만병의 근원으로 충분한 치료와 휴식이 없으면 나중에 여러 가지 질병을 일으키는 원인(遠因)이 된다. 한의학에서는 감기를 비정상의 기후 조건인 육음(六淫: 풍한서습조화의 나쁜 기운)이 인체에 침범하여 발병하는 것으로 보고 있다. 특히 풍(風)과 한(寒)을 가장 중요한 인자로 보아 예로부터 풍에 손상된 상풍증(傷風症)과 한에 손상된 상한증(傷寒症)으로 나누어 치료하고 있다.

상풍증과 상한증은 일반적인 증상은 비슷하나 상풍증은 열이 나지만 바람을 싫어하고 땀이 나며 맥(脈)이 힘 있게 떠오르면서 느린 것이 특징이고, 상한증은 열이 나고 추운 것을 싫어하며 땀이 나지 않고 맥이 힘 있게 떠오르면서 빠른 것이 특징이다. 상풍증의 경우 임상적으로 전염성이 없는 보통 감기의 경우가 많고 상한증은 인플루엔자와 같은 유행성 감기에서 많이 볼 수 있다.

　노인이 되면 체력이 떨어지고 정기가 허약해지기 쉬워 평소 관리가 부실하면 외사(外邪)에 쉽게 손상되어 감기에 걸리기 쉽다. 특히 노인의 폐기(肺氣)는 허약해 피부의 외부방어기전도 함께 약해져 저항력이 저하된다. 감기에 흔한 발열의 경우, 혈액에 침범한 바이러스가 면역 체계로 해결되지 않으면 백혈구가 처리하는데 이 과정에서 흔히 고열을 동반한 체온 상승이 나타나게 된다.

　노인들은 젊은 사람에 비하여 일반적으로 인후동통, 콧물과 같은 국소 증상은 적은 반면 기침, 가래, 숨참, 발열, 식욕 부진 등의 증상이 많은데 이것은 염증이 상기도에만 머물지 않고 쉽게 하기도(下氣道)까지 침범되어 나타나기 때문이다. 노인들은 생체의 저항력이 감퇴되어 병이 초기에 치유되지 않고 오래 끌며, 세균의 2차 감염으로 폐렴을 일으키는 일이 많다. 특히 만성심폐질환이 있는 노인인 경우 감기를 계기로 병이 악화되거나 잠재성 장기부전에 의한 예후가 좋지 못한 합병증을 일으킬 수 있다.

　한의학에서 감기 치료는 증상에 따른 대증(對證)치료가 기본인데 소시호탕(小柴胡湯)의 경우 감기에 걸린 지 며칠이 되었는데도 여전히 미열과 오한(惡寒)이 있고, 명치끝이 묵직하며, 간(肝) 부위를 누르면 아프고, 입맛이 없고 메스꺼우며, 기침이 있을 때 쓴다. 마황탕(麻黃湯)은 몸이 튼튼한 사람이 독감에 걸려 열이 나고, 오한이 있고, 땀이 나지 않으며, 머리 허리 관절이 쑤시고 아프며, 숨이 가쁘고 기침이 있는 경우에 사용한다.

최근의 경우는 때를 놓쳐 변형된 형태의 감기가 많아 전문의의 세심한 진찰이 필요하다.

감기는 치료와 함께 휴식이 필요하다. 비타민 B1이 부족하면 피로가 쉽게 와 감기에 걸리기 쉬우므로 비타민 B1이 풍부한 음식을 먹도록 한다. 모과와 유자에는 비타민 C가 많이 들어 있어 감기 예방과 치료에 도움을 준다. 생강은 땀을 내는 작용이 있어 해열제로도 이용되며, 코막힘에도 효과가 있다.

감기에는 적절한 습도가 요구되므로 젖은 수건 등을 걸어 습도를 올려주거나 가습기를 사용하여 기도의 점막을 부드럽게 해주어야 한다. 담배와 사람이 많은 곳을 피하고 외출 후 반드시 양치나 손발을 깨끗이 씻는 것도 매우 중요하다.

천식

어르신들에게 고통을 주는 질환 중 천식은 기침과 함께 자주 나타나는 호흡기 질환 중 하나이다. 천식은 기침(해수)과 달리 주기적으로 일어나며 갑자기 나타나는 특징이 있다. 또한 음기(陰氣)가 왕성한 야간에 더 심한데 이 때문에 정상적인 수면에 영향을 주어 생리적인 리듬이 깨진다.

천식이라 하면 흔히 기관지천식을 말하지만 심장질환이나 요독증을 수반하는 신장질환에서도 나타난다. 하지만 노년층에 나타나는 천식은 기관지천식이 가장 흔하다. 천식의 원인은 매우 다양하다. 때문에 치료도 쉽지 않다. 최근 알레르기가 보편화되면서 천식의 연령층이 낮아지고 있는데 소아들에서 많이 볼 수 있는 알레르기 천식이 이에 해당된다.

기도 감염이나 정신적 요인, 또는 운동 등이 천식을 일으키거나 악화시킨다. 하지만 옛날과 달리 환경오염이나 스트레스도 천식의 중요한 유발인자로 생각되고 있는데 이런 경우 기존의 치료법으로는 잘 치료되지 않는 경우가 많아 체질과 면역을 중시한 알레르기 치료에 관심을 갖게 만들고 있다.

기관지천식의 임상적인 증상은 호흡곤란, 기침, 천명(喘鳴) 등인데 심한 경우 위장 내의 음식물을 토하거나 열(熱)이 위로 올라가 생기는 상기(上氣)증을 나타내기도 한다. 호흡곤란의 경우는 흔히 천식을 심하게 앓고 있는 환자에게 나타나는 전형적인 증상이다. 밤에 더 심하고 눕기가 힘들다. 앉아 있으면 다소 진정되는데 이런 현상으로 숙면을 취하기 어려워 점차 마르게 된다. 발작 시간은 환자에 따라 다른데 수 시간에서 수일간으로 다양하다. 24시간 호흡곤란이 지속되면 천신중적 상태라고 하는데 발작을 하는 환자는 물론 이를 지켜보는 보호자의 애를 태우게 만든다.

기침의 경우 마른기침이 많은데 이는 한의학적으로 몸에 불(火)기운이 많아 진액(津液)이 고갈되어 나타나는 경우로 노년층의 천식은 이 경우가 가장 많다. 실제 천식을 앓는 환자의 목이나 안면 부위가 신체 다른 부위보다 열감(熱感)이 있는 것은 천식이 불의 성질을 갖고 있음을 반증하는 것이다. 기침과 달리 천식은 천명(喘鳴)을 나타내는데 독특한 소리와 함께 호흡곤란이 오면 바로 큰일이 일어날 것 같은 위기감을 준다. 하지만 천식의 증상은 대부분 회복과 함께 정상적인 생활이 가능한 질환이므로 사전에 예방이나 천식 인자에 대한 관심을 갖는다면 어려움을 덜 겪게 된다.

우리들 손에는 수태음폐경(手太陰肺經)이라는 경락이 지나간다. 기관지와 직접적인 관련이 있는 폐의 기능을 강화하면 예방과 함께 증상을 완화시킬 수 있는데 양손을 비비거나 양 엄지를 교대로 반대 손 안에 넣고 자주 마찰시켜주면 호흡기능을 원활히 하는 데 도움을 준다. 또 양손을 비빈 후 비빈 양손을 양 흉부(胸部)에 대고 있으면 비빌 때 발생한 원적외선과 생체전기가 폐의 기능을 도와 증상 개선에 도움을 준다.

만일 평소 술을 좋아하는 어르신이 있다면 발작 시에 포도주 냄새를 맡게 하는 방법도 도움이 되는 경우가 있다. 원래는 포도주를 저장한 나무통에 배인 냄새를 사용하였는데 둘 다 기관지의 확장을 통해 발작을 완화시키는 목적으로 사용된다. 천식에 사용되는 한방 약물 중 소자(蘇子: 깻잎의 씨)는 약방의 감초와 같은 약재로 특히 열이 위로 올라와 얼굴이 빨개지고 숨이 거칠어지는 천식에 효과가 큰데, 이는 소자가 기(氣)를 아래로 내려주어 순환을 촉진하는 기능이 있기 때문이다.

천식은 계절적인 기후 변화에 민감하며 가을과 봄에 가장 많이 발생된다. 특히 환절기에 더 심해지는데 기온차로 인한 적응부족이 첫째 이유로, 노년층과 아이들에게 천식이 많은 까닭이기도 하다. 모든 병이 그렇듯이 병에 걸리기 전에 과로와 과식을 피하고 충분한 휴식을 갖는 것이 천식을 예방할 수 있고, 금연(禁煙)은 치료에 도움을 줄 뿐만 아니라 폐의 기능에 도움을 주어 간접적인 치료 효과도 가져옴을 잊지 말아야 한다.

노인층의 음식 섭취 요령

　우리 몸을 주관하는 것은 신(神)이요, 기(氣)를 길러주는 것은 정(精)이요, 정(精)을 더해주는 것은 기(氣)이며, 기(氣)를 공급하는 것은 음식이다. 음식은 사람이 살아가는 데 있어서 의존하는 바탕이요, 근본이다. 그러므로 음식이 들어가게 되면 곡기(穀氣)가 충실해지고, 곡기(穀氣)가 충실해지면 기혈(氣血)이 왕성하게 되며, 기혈이 왕성하면 몸의 힘이 강해지게 된다. 그러므로 비위(脾胃)는 음식을 소화시키기 때문에 오장(五臟)의 근본이 되며 나머지 사장(四臟)인 간, 심, 폐, 신의 기운은 모두 비장(脾臟)으로부터 받아오는 것이므로 사계절 내내 모두 위기(胃氣)를 근본으로 삼는다.

　『황제내경』「생기통천론(生氣通天論)」에서는 "음식이나 약물을 기운과 음양으로 나누어 보면, 맵고 단맛은 발산을 하게 되니 양(陽)이 되고, 신맛과 쓴맛은 아래로 내려 보내니 음(陰)이 된다"라고 하였다. 이것은 사람의 몸에서 음양(陰陽)의 상호작용과 오행(五行)의 상생(相生)이 모두 음식에서 비롯됨을 나타낸다.

젊은 사람은 진기(眞氣)와 원기(元氣)가 튼튼하여 불규칙적인 식사나 차고 소화되기 어려운 음식을 먹어도 근본이 튼튼하므로 쉽게 질병에 걸리지 않는다. 그러나 노인은 진기(眞氣)가 많이 없어지고 오장이 쇠약하여 음식에 전적으로 의존하게 되어 만약 차고 익히지 않거나 소화되기 어려운 음식을 먹거나, 식사가 불규칙하면 쉽게 질병에

걸리게 된다.

대개 사람의 질병은 팔사(八邪)로부터 비롯되는데 팔사(八邪)란 바람(風), 추위(寒), 더위(暑), 습기(濕), 배고픔(飢), 과식(飽), 과로(勞), 나태함(逸)을 말한다. 만약 질병에 걸리게 되면 먼저 그 증상을 살펴서 음식으로 조절하여 치료하여야 한다. 음식물로 치료되지 않으면 후에 약물치료를 결정하여야 하는데 이는 장부(臟腑)를 상하지 않도록 하기 위함이다.

노인들이 먹는 모든 음식은 반드시 자식들이 정성껏 관리하고 조리하는 것이 좋다. 노인에게 있어서 음식은 따뜻하고 잘 익고 연한 것이 좋으며, 끈적끈적한 것, 딱딱한 것, 날 것, 차가운 것은 알맞지 않다.

매일 새벽에 순한 술과 함께 먼저 하초(下焦)의 원기를 보하는 약물을 복용한 후에 돼지나 양의 콩팥과 좁쌀로 쑨 죽 한 그릇을 먹는 것이 좋은데, 파와 염교 등의 양념과 메추리의 등뼈 등으로 만든 죽 또한 좋다. 여자는 혈(血)을 보강해주는 약물이 좋으며 메마르거나 뜨거운 성질의 약은 좋지 않다. 오전 7시에서 9시 사이에는 인삼평위산(人蔘平胃散)을 복용하고 그 후에 계절에 맞는 잘 익고 연한 음식을 먹는다. 식후에는 자녀가 노인을 모시고 백 보에서 이백 보 정도 산책을 하여 음식물이 잘 소화될 수 있도록 한다. 또 잠자기 전에는 담(痰)을 없애고 가슴을 시원하게 해주는 인삼반하환(人蔘半夏丸)을 먹는다.

노인은 갑자기 포식(飽食)하는 것은 금물이고, 조금씩 자주 음식을 먹어 소화가 잘 되게 하고 곡기(穀氣)가 오래 체내에서 지속되도록 하여야 한다. 만약 포식을 하면 소화기에 이상이 생겨 속이 더부룩해지는데 이를 반복하면 소화기가 약해져 질병에 걸리기 쉽게 된다. 그러므로 자식 된 이들은 위의 내용을 반드시 알아야 하니 이것이 노인을 봉양하는 요점이다. 위에 소개한 약들을 가급적 적게 먹고, 만일 질병이 없으면 음식으로 조절하는 것이 우선이다.

노인 에티켓

1. 노인 냄새 왜 생기나?

생로병사의 과정을 보면 태어나 어느 정도 성장할 때까지 어린 냄새가 난다. 이것은 몸의 장기가 아직 제 기능을 다하지 못해 나타나는 경우인데 주로 덜 익은 콩과 같은 비린내가 나는 것이 보통이다. 반면 성장 후 노화가 진행되면 몸의 각종 기관들이 노쇠하여 자신들이 수행해야 할 생리 능력이 떨어져 각종 대사물들이 정체되어 썩는 고약한 냄새가 나게 된다. 흔히 노인이 되면 생기는 냄새가 이에 해당된다.

의학적으로 나이가 들어 몸이 노화되면 정상적인 흡수, 해독, 배설 작용에 장애가 초래된다. 특히 충분한 영양 섭취 후에 반드시 일어나는 배설과 밀접한데, 그래서 간장과 신장의 기능이 중요하다.

생화학적인 반응으로 인간은 생명을 유지하기 위해 각종 영양소를 여러 형태로 섭취하게 되는데 소화 과정 중 필연적으로 독소가 생긴다. 신진대사가 원활한 건강한 성인인 경우 흡수, 해독, 배설에 문제가 없어 부패 과정에서 발생되는 냄새가 발생하지 않지만 노화가 심하게 진행되는 노인의 경우에는 냄새가 난다. 내연(內燃)기관의 예를 든다면 노후된 기관에서 발생되는 연료의 불완전 연소로 인한 냄새와 유사하다.

노인 냄새의 주범은 노넨알디하이드(Nonenaldehyde: C9H16O)로 불포화지방산인 팔미트 올레인산의 분해 과정에서 생성되며 주로 고령층에서 많이 생성된다.

땀내도 노인 냄새의 주원인인데 배설 기관인 신장의 기능이 약해지면 피부를 통해 노폐물을 내보내게 되는데 이때 배출되는 땀은 정상 성인이 흘리는 땀과 내용이 달라 수분보다 냄새를 지닌 독소의 양이 많게 된다.

입 냄새도 심한 경우가 있는데 이 경우 단순히 입 안이 불결해 발생되는 것으로 생각하면 곤란하다. 물론 틀니나 입안의 타액의 감소 때문에 음식 찌꺼기의 부패로 냄새가 나기도 하지만, 폐나 위장(식도)의 기능이 약해지면 냄새가 발생되기도 한다.

소변을 지리는 경우 소변의 냄새가 옷에 배어 나타나기도 한다. 이외에 생활 습관, 환경, 섭취하는 음식의 종류 등 원인이 다양하지만 대체로 남에게 피해를 주는 경우는 냄새에 대한 본인의 자각이 없기 때문이다. 활동력의 저하로 인해 스스로 몸을 자주 씻지 않거나 냄새를 자각해 이를 근본적으로 해결하고자 하는 의지가 없기 때문이다.

아무리 노인이라도 스스로 청결 의지가 있어 자주 목욕하거나 옷을 자주 갈아입으면 정도의 차이만 있지 정상 성인과 같은 생활을 할 수 있다.

2. 노인 냄새를 주의해야 할 사람

노인이라도 오랫동안 채식 위주의 생활과 술, 담배를 하지 않고 평생을 매일 일정하게 일과 운동을 하신 분들은 거의 냄새가 나지 않는다.

반면 평소 과식이나 폭음, 폭식, 분해되기 힘든 단백질과 지방질을 과다하게 섭취하면 노인 냄새가 심하게 난다. 술은 적당히 먹으면 약이 되어 순환을 돕는데 폭주(暴酒)의 경우 독소로 인해 몸 전체에서 냄새가 나게 된다. 운동이 몸에 좋다고 무리하게 되면 근육의 과다한 사용으로 피로 물질이 쌓이게 되는데 이것도 냄새의 원인이 된다. 몸에 적당한 일정량의 운동을 반복적으로 하는 것이 냄새를 줄이는 방법이다.

3. 노인 냄새에 불편을 느끼는 사람

노인 냄새가 있게 되면 본인은 물론 주위 사람에게 불쾌감을 준다. 특히 본인인 경우 정신적인 스트레스로 대인 기피증이 나타날 수 있고 사회적응력이 떨어진다. 결국 이런 현상은 심신의 기능을 저하시켜 악순환을 되풀이 한다.

간혹 본인의 냄새를 망각하고 활동하는 노인의 경우 주위 사람의 눈총을 받게 되는데 심각성에 따라 그 피해가 달라진다.

노인 냄새는 복잡한 요인으로 생기는 증상이다. 개인적인 위생이나 신체적인 상태에 의해 발생되지만 지역이나 사회의 배려가 요구되는 증상이기도 하고, 나라로 볼 때 노인 복지나 건강 관리 수준을 가늠할 수 있는 척도도 된다.

4. 생활 속에서 노인 냄새를 없애는 요령

노인 냄새를 근본적으로 나지 않게 하는 것은 불가능하다. 정상 성인의 몸 상태로 되돌리기 어렵기 때문이다. 단지 냄새를 줄이거나 느낄 수 없게 하는 방법들이 개발되고 있는데 몇 가지 소개해 본다.

— 몸을 청결히 해야 한다.

냄새의 원인 물질은 배설물, 땀샘, 그리고 호흡을 통하여 체외로 배출된다. 이 물질들은 몸과 의복, 그리고 침구 및 실내에 흡착되어 냄새를 발생시킨다. 결국 냄새를 없애는 쉽고 간단한 방법은 이 물질들을 제거하거나 다른 물질로 흡수 또는 중화하는 방법이다. 자주 목욕하고 몸을 청결히 해야 한다. 땀을 흘리지 않았더라도 온몸을 비누로 씻어내야 한다. 샤워만 하고 얼굴만 비누로 씻는 것은 도움이 되지 않는다.

— 의복을 자주 세탁해야 한다.

노인은 사회활동이 활발하지 않은 이유로 비교적 젊은이보다 세탁하지 않고 의복을 오래 입는 경향이 있는데 이것이 노인 냄새의 원인이 된다. 젊은 사람보다 더 자주 의복을 세탁하고 갈아입어야 한다.

― 침구도 자주 세탁해야 한다.

노인의 방에서 나는 냄새의 많은 부분은 침구로부터 발생된다. 이를 감안하면 침구의 세탁이나 소독을 자주 해야 한다. 침구에 홑이불을 씌워 사용하고 홑이불만 자주 빠는 것도 요령이 된다.

― 실내 환기

노인이 사는 방에서는 노인 냄새가 난다고 한다. 수시로 빗자루로 쓸고 걸레질도 하여 실내를 깨끗이 하고 환기를 자주 한다.

― 일광 소독

의복과 침구를 햇볕에 소독하는 것이 효과가 크다. 노인이 주거하는 방도 햇볕이 많이 들수록 좋다. 햇빛만큼 탈취, 소독 작용에 효과적인 것은 없다.

― 여러 종류의 탈취제 및 향

방향제, 향, 촛불이나 등잔불, 식물 키우기, 숯, 황토, 흡취 광석(돌), 탈취 의복과 침구, 향수, 실내 공기 정화기 등을 이용해 냄새를 줄이거나 없앨 수 있다.

― 피부호흡 촉진: 건욕 및 풍욕

건욕: 양 손을 비벼 그 열감으로 신체의 모든 곳을 마사지 하는 방

법이다. 피부의 순환을 도와 냄새 제거에 도움을 줄 수 있다.

풍욕: 알몸인 상태로 담요를 덥고 벗고 하는 방법이다. 처음 알몸 인 채로 20초간 시행하고 다음 1분간 담요를 쓴 후, 다시 알몸으로 30 초, 담요를 쓰고 1분씩 하는데 점차 벗는 시간을 늘려 1분간 한다. 1분 간 알몸인 경우 담요를 쓰는 시간은 2분인데 같은 요령으로 알몸 시 간을 2분으로 늘린다. 마지막은 벗은 채로 2~3분간 휴식한다. 풍욕은 피부호흡을 촉진시켜 독소 제거에 도움을 준다.

— 배설 촉진: 냉온욕

물의 찬 성질과 따뜻한 성질을 이용해 자율신경을 교대로 자극하 는 방법이다. 신진대사와 혈액 순환을 촉진해 체내 독소를 신장을 통 해 배설한다. 방법은 노인인 경우 냉탕은 20도 전후, 온탕은 40도 전 후가 적당하다. 먼저 미지근한 물로 시작해 더운물, 찬물 순으로 하며 시간은 각각 1분씩 총 7~9회 실시한다. 냉온욕을 하고 나면 배설 기능 이 좋아져 대소변이 잘 배출됨을 느낄 수 있다.

— 입 냄새 제거: 수구, 고치, 치아 관리

양치질은 저녁때 자기 전에 한다. 음식물이 입 안에 남은 채 자면 입이 건조해지면서 침이 풀처럼 되어 음식물 찌꺼기를 치아에 붙게 만든다. 이를 닦을 때는 혀도 닦는다. 치석을 제거하지 않아 잇몸이 부어 있는 경우 고름으로 인해 입에서 냄새가 난다. 잘못된 틀니와 틀

니를 잘못 관리하기 때문에도 냄새가 난다. 충치로 인해서도 입에서 냄새가 난다.

수구(漱口)는 혀로 치아와 잇몸 전체를 핥아 침이 생기게 하는 동작이고, 고치(叩齒)는 아래위 치아를 부딪치는 동작을 말하는데 모두 치아와 잇몸의 건강 상태를 체크하는 방법이며 꾸준히 시행하면 구강건강은 물론 양생에도 도움이 되는 손쉬운 방법이다.

전쟁과 노인

　전쟁 하면 떠오르는 것이 평화다. 우리에게 잘 알려진 영화로 <전쟁과 평화>가 있다. 지금도 세계 곳곳에는 크고 작은 전쟁이 벌어지고 있다. 왜 싸움이 일어났는지, 누구의 잘못인지, 언제 끝날지 알 수 없지만 각종 방송 매체들은 경쟁하듯 연일 전황(戰況)을 보도한다.

　전쟁은 상대가 있어야 한다. 한 예로 이라크 전쟁을 들어보자!

　미국은 이라크를 상대로 전쟁을 했지만 힘의 균형을 잃은 싸움이라 예상대로 힘이 센 쪽의 승리로 끝났다. 마치 힘센 장정과 힘없는 노인과의 싸움처럼……

　전쟁 후에는 여러 후유증이 남는다. 도시, 농촌 할 것 없이 나라 전체가 파괴된다. 그러나 그것보다 더 무서운 것은 정복자에 대한 두려움과 적대심으로 정상적인 정신 활동을 할 수 없다는 점이다. 나라로 말하면 독자적인 국가 운영이 어렵다는 점이다. 그래서 일반인들은 전쟁을 반대한다.

전쟁의 상징은 불(火)이다. 불(火)의 특징은 상승해 주위를 덥게 하고 다 타면 검거나 흰 재를 남긴다. 그런 재들이 인간에게 피해를 주고 후손에게도 영향을 준다. 여러모로 전쟁은 생물이 살기 어려운 환경을 만든다.

<노인과 바다>라는 영화도 있다. 내용은 노인과 상어의 사투를 그렸지만 그 배경은 바다로 '바다' 하면 물을 상징하고, 물은 불을 끄는 가장 쉬운 방법이기도 하다. 혹자는 지금의 전쟁을 빨리 끝내려면 물이 필요하다고 한다. 그 물이 하늘에서 내리는 비이든, 인간이 흘리는 눈물이든 유효하다. 그 이유는 우리가 크게 노(怒)해 화(火)가 났을 때 이를 진정시킬 수 있는 것은 물인데, 슬퍼서 흘리는 눈물이 열을 식히고 분노를 가라앉게 만든다.

전쟁으로 직접적인 피해를 보는 사람은, 물론 전쟁을 수행하는 군인들일 것이다. 하지만 가장 큰 타격을 입는 층은 노약자들로 노인과 아이들이 해당된다. 그나마 아이들은 부모나 가족의 보호로 피해가 덜 하지만, 노인의 경우 생리적인 특징으로 그 피해가 막심하게 된다. 설사 전쟁을 무사히 견디어 냈다고 해도 후유증으로 오랜 기간 고생하게 된다.

전쟁과 비슷한 예로 1950년대의 영국 런던의 대기오염을 들 수 있는데 이는 전쟁으로 인한 폭염과 비슷한 환경으로 인식할 수 있다. 이때 피해 입은 계층은 노인과 어린이가 대부분이었다.

'전쟁'과 '노인'은 한 가지 공통점이 있다. 전쟁이 화(火)를 의미하고 있고, 노인들도 물이 부족해 상대적으로 몸에 화(火)가 많음인데, 공히 메마르고 건조한 기운을 갖고 있다는 점이다. 음양론에 입각하면 같은 성질은 서로 밀쳐내는 그래서 잘 맞지 않는 습성을 가지고 있는데 이 때문에 노인들이 피해가 더 크다고 주장하면 과장일까! 이에 반해 전쟁과 평화, 노인과 바다는 서로 필요로 하고 잘 어울리는 조합이다. 그래서 이런 영화가 흥행에 성공한지도 모르겠다.

일부 학자들은 앞으로 비가 부족해 지구에 큰 가뭄이 올 수 있다고 주장한다. 필자는 오히려 세계 곳곳에서 일어나고 있는 전쟁들이 더 걱정이다. 가뭄은 물로 해소되지만 전쟁은 고통 섞인 눈물로도 치유가 되지 않기 때문이다.

동양의 노인의학

　서양에서는 1900년 전후 영국과 미국에서 노인의학에 대한 내용이 소개되기 시작했으며, 1909년 나서(Nascher)에 의해 노인의학(Geriatrics)이란 용어가 처음으로 등장하였다. 노인의학은 노인(Geras)과 의료(iatrikos)의 희랍 합성어로 인체를 연령별로 구분하여 관리해야 한다는 주장이 보편화되기 시작함을 의미하고 있다.

　반면 동양의학은 언제부터 노인에 관심을 두었을까!

　동양의학은 중국을 중심으로 발전되었는데 한의학이란 명칭은 한, 중, 일 3국의 동양의학을 말하며 명치유신 때 한의학을 인정하지 않은 일본을 제외하면 한국과 중국이 동양의학의 중심이 된다.

　중국에서는 춘추전국시대의 제자백가들의 이론과 『황제내경』에서 한의학의 전통 노인보건학설의 기틀이 마련되었는데, 특히 『황제내경』「소문음양응상대론」에서는 40대에는 기거의 쇠퇴를, 50대에는 귀와 눈의 노화를, 60대에는 생식기의 퇴화를 지적하고 있다. 또한 「영추천년」에서는 100세를 10세 단위로 구분해 각각의 생리적 특징과 신체의 변화를 설명하고 있는데 40대부터는 노화와 관련된 신체적 장애를 언급하고 있어 노년층의 질병과 관리의 기본을 제시하고 있다.

육조시대(六朝時代) 말기의 안지추(顔之推)는 『안씨가훈(顔氏家訓)』을 통해 자손을 교육하였는데 노인을 돌보는 내용을 많이 담고 있어 이후의 노인의학에 영향을 끼쳤다.

남북조시대의 도홍경(陶弘景)은 『양성연명록(養性延命錄)』에서 조신(調神), 양성(養性), 복기(服氣), 보정(保精), 도인(導引), 안마(按摩) 등 장수를 위한 양생보건방법을 강조하였는데 이는 지금의 정신수양, 섭생, 호흡법, 금욕, 운동 및 체조에 해당되는 내용이다. 또한 당(唐) 대의 손사막(孫思邈)은 언론(言論), 음식(飮食), 반속(反俗), 의약(醫藥), 금기(禁忌) 등을 추가해 다각적인 양생 실천요강을 제시하기도 하였다.

송(宋) 대 진직(陳直)은 이전의 양생 문헌과 노인 섭생에 대한 내용을 종합한 노인종합건강서적인 『양로봉친서(養老奉親書)』를 발행하는데 이는 서양보다 6백여 년 빠른 것으로 이후 원(元) 대 추현(鄒鉉)의 『수친양로신서(壽親養老新書)』로 이어져 발전된다. 『양로봉친서』는 상적(上籍), 하적(下籍)으로 구성되어 있으며, 상적 16편에서는 음식과 약물을 이용한 음식방이 소개되어 있고, 하적 13편에서는 노인의 음식,

거처와 기거, 성격과 정서 등과 사계절에 순응하여 생활하는 방법, 노인 양생에 대한 처방들을 소개하고 있어 예방과 치료를 겸한 최초의 노인종합건강서적이라 할 수 있다. 이어 명(明) 대 유우의 『안노환유서』, 서춘보의 『노노여편』, 홍편의 『식치양노방』 등이 발간되었고 청(淸) 대 조정동의 『노노항언』, 석광지의 『인수편』 등으로 계승되어 독특한 노인의학을 만들어 왔다. 20세기 후반에 들어서는 대학을 중심

으로 편찬된『체계전통노년의학』이 발간되어 노년기의 질병과 예방, 그리고 장수를 위한 다양한 방법들을 요약하여 싣고 있다.

　중국의 의학체계를 도입해 독특한 의학체계를 만든 한국도 조선시대에 발간된『동의보감』에 노인 양생과 노인병 치료에 대한 내용을 소개하고 있다.『동의보감』「노인혈쇠(老因血衰)」에서는 노인병의 증상을 소개하고 있는데 "노인은 정혈이 모두 소모되어 칠규(七竅)가 정상을 잃으므로 울어도 눈물이 없고 웃을 때 눈물이 많이 나며 재채기가 나지 않아도 콧물이 나고 귀에서는 매미소리가 나며 식사량이 적고 입이 마르며 잠을 잘 때 침을 흘리고, 소변보기 힘들기도 하고 유뇨(遺尿)하기도 하며 대변불통 혹은 설사하게 되고 낮에는 졸린 듯 하며 밤에는 잠을 이루지 못하게 된다"고 설명하고 있다. 또한 「노인치병(老人治病)」에서는 노인 생리에 맞는 치료방법과 처방을 제시하고 있으며, 「노인보양(老人保養)」에서는 평소 섭생 방법과 함께 늘 먹어 도움 되는 처방을 소개하고 있는데 이후 발간된『광제비급』,『제중신편』 등에 인용되었고 많은 의가(醫家)들에게 영향을 주어 노인의학의 기틀을 만드는 데 기여하였다. 특히 이제마(李濟馬) 선생이 체질을 고려해 창시한 사상의학은 한국 한의학의 독창성이 드러난 의학체계로 체질적인 특성과 함께 장수와 단명의 조건을 외부 환경이 아닌 인간의 심성(心性)으로 풀이하고 있다. 그의 저서『동의수세보원(東醫壽世保元)』「광제설편」을 보면 "교만하고 사치하면 수(壽)를 감하고, 게으르면 수를 감하고, 편벽되고 조급하면 수를 감하고, 탐욕하면 수를 감한다. 반면 간략하면 수를 얻고, 부지런하면 수를 얻고, 경계할 줄 알면 수를 얻고, 견문을 넓히면 수를 얻는다"고 하여 인간의 심성과 의지가 수명에 관여함을 분명히 하였다.

해방 이후는 서양의학의 확장으로 인한 한의학의 침체기로 국민건강에 부분적인 기여만 가능했던 시기였다. 그러나 21세기 들어 인류의 고령화, 친환경 및 웰빙 등의 요인으로 자연친화적인 한의학의 역할이 요구되고 있는 실정이다. 비록 늦은 감은 있지만 '한국노년의학회'와 '한국노인병연구소'의 활동은 한의학의 노인의학 분야에 큰 역할을 할 것으로 기대한다.

노인성 질환은 한 사람이 여러 가지 질환을 가지고 있고 질환의 병태나 증후가 젊은층의 경우와는 다르며 증후가 비전형적이어서 정확한 임상진단이 곤란한 일이 많다. 노인은 체내 물, 전해질 등의 대사 이상을 일으키기 쉬우며, 치료에 있어서도 약제에 대한 신장과 간장의 적응력이 약해 일반 성인과 달리 신중을 기해야 한다. 이런 점들이 연령과 체질을 고려해야 할 이유가 되며, 오래전부터 노인의학을 생각한 한의학에서 그 답을 얻어 건강한 장수시대를 열어야 할 것으로 생각된다.

노화를 어떻게 볼 것인가

노화란 늙는다는 뜻으로 의학적인 원인을 얘기하지 않더라도 일정한 방향이 있음을 알 수 있다. 태어나(生), 늙고(老), 병들어(病), 죽는(死) 과정과 방향이 있듯이 늙는 것도 일정한 방향이 있어 역으로 이를 돌리는 것은 불가능하지만 이를 최대한 막는 방법은 가능하다. 인간의 삶도 연령에 따라 다르고, 살아가는 과정에 따라 경험하는 일도 달라 이러한 과정을 혼합하거나 바꿔서 할 수는 없다.

따라서 노화는 자연의 흐름에 맞추어 생각해야만 하고 자연의 원리를 잘 이해하고 활용할 때만 그 혜택을 누릴 수 있게 된다. 영원히 지구를 비출 것 같은 태양도 이미 청년기를 지나 장년기에 들어섰고, 지구는 태양의 죽음 이전에 사라진다는 사실을 생각해 볼 때 흐름에 역행하는 어떤 행위도 우주(宇宙)는 용납하지 않을 것이 확실하다.

노화에는 우리가 쉽게 알 수 있는 몇 가지의 속성이 있다. 즉 과학적인 연구 방법 이외에 개념적인 틀이 있다. 다음은 노화 연구에 기본으로 생각해 볼 수 있는 내용이다.

첫째, 노화는 방향성이 있다.

앞서 언급한 것처럼 노화는 일정한 방향성을 갖고 있다. 물이 위에서 아래로 흘러가고 봄, 여름, 가을, 겨울의 사계절이 계속 순환되고 있으며 생(生), 장(長), 화(化), 수(收), 장(藏)의 다섯 가지 기운에 의해 지배를 받는 기본적인 것들처럼 노화도 죽음에 이르기 전에 정상적으로 겪는 일련의 과정이라고 하겠다.

둘째, 노화에는 양면성과 상대성이 있다.

모든 사물이나 현상에는 반드시 양면성이 존재하는데 노화의 과정에도 적용된다. 많은 정상적인 노인들의 죽음이 육체와 다른 정신세계를 보여주고 있는데, 이른바 정신과 육체의 양면성이라고 할 수 있다. 또한 개체에 따른 상대성이 존재한다.

셋째, 노화 과정은 보이지 않는다.

노화를 나타내는 지표는 무수히 많고 이를 믿거나 이를 토대로 연구하는 단체나 개인들도 많다. 그러나 어느 하나도 노화의 과정을 정확하게 일목요연하게 보여주지는 못하고 있다. 이는 노화 과정이 끊어진 단편적인 모습이 아니라 일련의 연결된 흐름이라는 것을 암시하고 있고, 그 추적도 흐름을 읽을 수 있는 방법만이 가능하다는 점을 시사하고 있는 것이다.

넷째, 노화의 이해는 기(氣)를 통해 파악된다.

노화란 살아있는 생명체에게 사용되는 말로 병리적인 노화는 질병, 생리적인 노화는 노(老)라 하여 탄생과 죽음 사이에 삶을 유지하는 원동력으로 이해될 수 있어 기(氣)의 역할로 풀이가 된다. 또한 기(氣)의 기능은 현대과학의 물리나 화학과 같은 이학적인 원리로 해석이 가능해 노화를 이해하는데 전기나 전자, 화학적 인자 등과 같은 용어로 풀이가 가능하다. 결국 노화의 실체를 이론적으로 파악하려면 기(氣)의 본질을 이해하여야 하며, 역(逆)으로 노화의 추적을 통해 기(氣)의 쇠퇴(衰退)를 밝힐 수 있을 것이다.

다섯째, 자연계는 노화를 촉진하는 인자와 억제하는 인자를 포함하고 있다.

노화를 촉진하는 인자에 대한 관심은 최근 환경오염과 공해 등에 의해 높아지고 있는데, 이 모두 인간에 의해 만들어진 신종의 자극인자라 할 수 있다. 그 해결도 인간의 힘만으로는 어려워 자연의 힘에 의존할 수밖에 없는데 자연 속에 노화를 억제하거나 지연시킬 수 있는 방법이 있다.

학문 연구의 성과는 주체가 누구냐에 따라 결과나 사회적 기여가 달라진다. 노화를 연구하는 것도 학문을 연구하는 것과 같아 주체의 설정에 따라 성과가 달라질 수 있다. 만일 인간이 그 주체라 하면 몸 안에서 발생되는 현상에 비중을 둘 것이고, 외부 환경이 주체라 하면 자연에 산재해 있는 자극인자에 더 비중을 둘 것이다. 그러나 지구 내에 있는 살아 있는 생명체의 경우 대부분 태양을 비롯한 대기(大氣) 내의 인자들에 의해 영향을 받게 되는데 노화의 과정도 이 틀의 범주에서 이루어짐은 쉽게 이해가 가는 부분이라 할 수 있다.

그러나 여기서 우리가 확실하게 알아야 하는 것은 노화 연구의 주체에 따라 전혀 다른 결과를 나타낼 수 있고, 결과에 의해 활용되는 지식은 인류의 장래에 커다란 영향을 줄 수 있다는 점이다. 따라서 노화를 보는 관점은 중요하며 이에 대한 몇 가지의 제시된 지식은 연구의 방향에 도움을 줄 수 있다.

노화를 규명하고 이를 바탕으로 인류에게 활용하려면 자연을 눈여겨봐야 한다. 자연에서 활동하는 동물, 식물의 생태에서 노화의 흐름을 읽고 그 속에서 새로운 해결책을 찾을 수 있기 때문이다. 결국 노화 연구도 자연의 법칙과 원리에 바탕을 두는 것이 올바른 방법이라 하겠다.

노화 극복하기

노화를 극복한다는 말은 노화를 긍정적으로 받아들인다는 말과 일맥상통한다. 그리고 노화에 대한 긍정적인 자세에는 몇 가지 조건이 요구되는데 필자의 평소 생각을 소개할까 한다.

노화를 극복하는 방법으로 서양의학에서는 눈에 보이는 가시적(可視的) 연구에 총력을 기울이고 있지만 연구 방향의 편협성, 항노화인자의 맹신, 해부학 및 실험에 근거한 통계의 한계, 항노화 인자의 임상 활용가치 등의 문제점을 안고 있다.

노화 연구를 비가시적(非可視的) 측면에서 생각하면 노화 극복에 쉽게 접근할 수 있다. 요점은 주위 환경에 대한 인식인데 이런 생각에는 조상의 경험으로부터 받은 지혜와 자연이 인간에게 주는 교훈이 담겨 있다.

첫째, 생명의 원동력에 대한 인식이 있어야 한다.

인간 생존에 필요한 것을 꼽으라면 물, 태양, 공기를 떠올리게 된다. 이 속에 노화를 억제하는 인자가 있다고 주장하면 무리일까?

물(水)의 세 가지 모습과 각각의 작용, 공기의 성분과 비율, 태양광선의 분석에 따른 광선 파장의 성질 모두, 비가시적인 노화 연구에 중요한 단서가 된다. 특히 태양광선 중 가시광선(일곱 가지 색)의 역할은 현재까지 밝혀지고 있지 않다. 하지만 최근 몇몇 실험을 통해 한의학 이론인 생(生), 장(長), 화(化), 수(收), 장(藏)의 생물학적 특성과 연관된 청(靑), 적(赤), 황(黃), 백(白), 흑(黑)의 오색(五色)에 대한 효능이 검증되었고 청색의 광 에너지가 노화의 원인으로 알려진 프리 라디칼(Free radical)의 감소와 억제에 관여한다는 보고는 의미가 크다.

둘째, 노화에 대한 정보를 자연에서 얻을 수 있다.

인간은 자연환경에 따라 그 수명이 달라진다. 그리고 나라마다 자연환경이 각각 다르다. 대표적인 장수 지역인 고산지대의 노화 연구는 항노화 인자를 찾는 또 다른 방법이 된다. 의식주 역시 노화를 극복하는 좋은 재료가 된다. 특히 음식(飮食)은 인간을 성인으로 만드는 것으로 그 중요성은 이미 각종 본초서적에서 약과 함께 다루고 있다.

약과 음식 모두 성질(性)과 맛(味)을 가지고 있는데, 특히 음식의 성미는 노화 극복의 또 다른 접근 방식이 된다. 성미(性味)란 인간이 갖고 있는 개인의 성질과 풍기는 기품과 같은 것으로 음식이 완전 분해되어 인체에 흡수될 때 발휘되는 역할과 맛으로 이해해야 한다. 이러한 관점은 음식이나 약물의 성질과 맛을 통해 노화의 억제인자에 대한 개념을 정립하는 것으로, 자연에서 채취한 모든 음식에 그 성질과 독특한 맛을 인정하는 이론이다.

끝으로 정신 노화와 육체 노화에 대한 이해도 필요하다.

정신과 육체는 재미있는 관계가 있다. 어린 시절은 정신, 육체 모두 성장기에 있게 되며 기운 역시 상승(/, /)의 시기이다. 또한 청장년기에는 모두 정체기(ㅡ, ㅡ)에 놓이게 되지만 노년기에 이르면 정신과 육체는 각기 그 역할을 달리하여 정신은 점점 성숙해지고 육체는 퇴화되는(/, ↘) 모습을 나타낸다. 지금의 현실 여건은 오히려 정신적인 퇴화가 많아 노년기의 사회문제로 부각도 되지만 자연의 법칙에 의하면 정신적인 성숙과 육체적인 쇠퇴가 반드시 이루어져야 한다. 이는 육체보다 정신적 건강이 필요하다는 말로 이를 실현하는 것이 건전한 사회를 가능케 한다.

노화에 대한 의학적 개념은 질병의 한 형태로 인식되지만 뚜렷한 병리 과정을 갖고 있는 부분적인 개념이 아니므로 노화를 이해하는 데 한두 가지의 의학적 지식만으로는 부족하다. 물론 과학 장비와 분석 방법을 동원하는 서양의학은 노화를 극복하는 확실하고도 충분한 방법으로 인식될 수 있지만, 현재 만연되고 있는 각종 질병에 대한 현대의학의 대처 능력을 생각할 때 노화 극복이 쉽지만은 않아 보인다. 그렇다고 한의학의 사고가 노화를 억제하고 삶의 질을 높인다고 단언하기도 어렵다. 그러나 노화를 자연의 현상으로 인식하고 자연에서부터 그 해답을 찾으려 하는 동양적 사고는 노화 극복을 통한 삶의 질 향상에 도움이 되리라 확신한다.

노화 연구의 올바른 방법, 그릇된 방법

인간의 건강 유지와 질병 퇴치에 기여한 동·서의학은 21세기를 맞이하면서 큰 변화가 예상되는데 변화의 주체도 의학이 아니라 공학이 될 전망이다. 20세기 후반에 두각을 나타내고 있는 유전공학이나 생명공학은 이러한 전망을 수긍케 하는데 이 분야의 역할은 긍정적인 면과 부정적인 면을 함께 갖고 있어 인류를 위한 활용에는 신중을 기할 필요가 있다.

특히 노화는 세포를 끊임없이 발생시켜 고유의 역할을 계속하게 하면 방지할 수 있는데 이러한 작업은 유전자 조작을 통해 가능하고 일부 동·식물 실험을 통해 그 가능성이 입증되고 있다. 따라서 노화 극복은 표면적으로는 가능할 것으로 예상되나 노화 억제에 따른 수명 연장과 수명 연장에 따른 각종 신체적 부작용의 발생은 불가피할 것으로 생각된다.

생명공학의 핵심은 공학 기법을 통해 인간이 추구하는 생명상(生命像)을 만드는 데 있다고 하겠는데 생명의 기원을 이해하지 못하면 단순한 기법에 머물 수 있다. 생명이 어디서부터 왔으며, 왜 존재하고, 존재의 목적은 무엇인가 등을 정확하게 이해하지 못하면 이제까지 만들어 온 인간들의 파괴보다 더 무서운 결과를 나을 수 있다. 아직 의학이나 공학 모두 생명의 기원과 존재의 이유에 대해선 뚜렷한 답을 하지 못하고 있다. 다만 존재의 결과나 존재하면서 발생되는 각종 생리, 병리 현상에 대한 내용을 중심으로 유추하고 있는데 이러한 기반 위에 우리가 알고 있는 단편적인 지식을 이용한 생물체의 변화는 이(利)보다 화(禍)를 초래할 수 있다.

유전공학을 통한 복제 양이나 송아지 등은 인간의 관점으로 본 생명관이고 이를 인간이 편리한 면으로 해석하려는 우(愚)를 범할 수 있어 자연계의 균형을 파괴하는 시발점이 될 수 있다. 혹자는 필요한 식량과 질병으로 손상된 장기를 공급하는 좋은 방법이라고 하지만 태어난 생명이 단순한 육체만을 지니고 태어나지 않는다는 것은 누구도 부인할 수 없는 사실이기에 보충의 개념보다는 스스로 지킨다는 확신이 더 요구된다고 하겠다. 더욱이 생명공학의 출현은 손쉽게 생명과 관련된 물질을 양산(量産)할 수 있을 것으로 생각되는데 이들의 학문 목표와 사회적 역할 및 기여도에 대한 방향과 통제가 반드시 필요하다.

항노화 연구의 목적은 건강한 삶과 갖추어진 생활의 틀을 좀 더 많이 영위하자는 데 있다고 볼 수 있다. 경우에 따라서는 질병으로 인한 단명자의 삶의 연장과 사회적 성취를 위한 연장된 삶의 필요 등 여러 목적을 가질 수 있다. 그러나 이러한 목적은 개인의 취향에 더 가깝다고 할 수 있으며 사회적인 면을 고려해 볼 때 그 파장을 감안하여야 한다.

이미 선진국들은 사회가 노령화 과정을 겪고 있거나 노령사회가 되었다. 그래서 혹자는 21세기의 문제 중 고령화에 따른 사회적 문제를 제일로 꼽기도 한다. 생산 인구의 저하, 복지 기금의 확충, 사회보장제도, 효과적인 사회 운영 등 갖가지 문제들을 생각하지 않을 수 없는 시점에 와 있다. 그래서 무작정의 수명 연장과 이를 직접적으로 도와줄 항노화 연구는 여러 가지 문제점을 고려해야 한다.

노인 관절질환

　관절은 인체를 지지하고 활동할 수 있게 하는 기본적인 구조로 만일 관절에 이상이 생기거나 퇴행성 변화가 진행되어 그 기능을 상실하게 되면 많은 신체적 장애를 준다. 특히 노인층은 관절의 퇴행성 변화가 심하고 외부 환경에 따른 대처 능력의 부족으로 골절과 같은 기질적인 손상이 발생되기 쉬운데, 고통 받는 노인층의 숫자에 비해 그 심각성은 과소평가되고 있는 실정이다.

　그 이유는 사회적인 문제를 안고 있는 중풍이나 치매와 달리 본인의 고통이 대부분을 차지해, 주변 사람으로부터 인정받거나 도움을 청하기가 쉽지 않기 때문이다. 그러나 관절 질환은 노인들의 삶의 질과 직결되며 국가나 사회에서 추구하는 복지정책의 실질적인 혜택을 방해할 수 있어 집중적인 연구와 관리가 필요하지만 현재까지 예방과 사후 관리(특히 병후 간호 등)가 최선인 질환에 속한다.

노인 관절과 관련된 질환을 살펴보면 골절, 퇴행성 골관절염, 골다공증, 척추협착증, 류마티스양 관절염, 통풍 등이 있고 흔한 증상으로는 통증, 관절 운동범위 이상 및 기능장애, 부종, 국소 발열 및 발적(發赤), 기형, 관절기능 저하 및 이상감(異常感) 등이며 심리적인 위축으로 나타나는 자신감 결여와 삶의 의욕 소실 등도 호소한다.

치료와 관리에 있어 서양의학에서는 원인에 따른 약물, 물리치료, 수술 등이 있고, 동양의학에서는 증상에 따라 처방을 달리하는 변증치료를 중심으로 침, 뜸, 약물 치료와 경락학설에 입각한 한방물리요법을 시행한다. 동·서의학 모두 증상에 따른 치료가 주를 이루고 있으나 서양의학에서는 치료 후 관리에 대한 프로그램이 부족하고, 동양의학은 치료 및 관리 방법의 편차가 심한 한계가 있다. 현재까지는 예방보다는 관리, 관리보다는 치료에 중점을 두고 있지만 치료 효과나 치료율이 지극히 낮아 관리(간호 포함)나 예방에 대한 심도 있는 연구가 필요한 실정이다.

노인 관절질환의 적극적인 관리는 재활치료라고 할 수 있는데 여기에는 몇 가지 유념해야 할 내용이 있다. 재활 치료는 처음부터 재활을 시작해야 하는 경우, 수술 후 기능 회복을 위한 경우, 퇴화 방지를 위한 기능 훈련 등 다양하다. 그 원칙 및 대상과 질환에 대해 소개해 본다.

노인의 질병은 그 특성상 질환의 극복보다는 기능회복에 중점을 두고 있는데, 기능이라 함은 단순히 신체 구조에 대한 것만이 아닌 정신적, 사회적 구성 요소들을 포함하고 있어 재활의학의 치료 목적에 부합되는 임상 영역이라고 할 수 있다. 노인 재활의 목표와 내용에 대해 세계보건기구는 활동성 회복, 사회성 회복, 재통합이 이루어져야 한다고 지적하였는데 활동성 회복은 노인의 몸과 사회성 모두를 회복시키는 것이고, 사회성 회복은 질병에서의 탈출과 동시에 고립된 환경을 극복하는 것이며, 재통합은 사회에 복귀하여 갖고 있는 능력을 사회 기여에 쓰는 것이다.

노인이나 노인병을 앓고 있는 환자의 경우 특별히 고려할 사항들은 활동 능력이 떨어져 야기되는 저운동성 질환과 과도한 안정에 의한 합병증인데 이를 방지하려면 평소 합병증에 대한 이해가 요구된다.

합병증으로는 근위축, 근력 저하, 관절구축, 이소성골화(異所性骨化), 골다공증, 요·배부통, 오십견, 견통 등의 운동기장애와 기립성저혈압, 심부정맥 혈전증, 폐색전증, 폐렴, 부종, 욕창 등과 같은 순환장애가 있으며, 자율신경장애로는 변비, 요실금, 대변실금, 저체온증 등이 있고 정신장애로는 억울(抑鬱), 무위·무욕(無爲·無慾) 상태, 식사부진, 거식(拒食), 수면장애, 불면, 가성치매 등이 나타나며, 요로감염, 요로결석, 탈수 등도 있다.

노인병의 재활은 팀 중심의 관리가 중요한데 주관은 한의사를 포함한 노인의학 전문의나 물리치료학을 전공한 재활의학 전문의가 담

당하고, 구성 직종은 간호사, 이학요법사, 작업요법사, 레크리에이션
요법사, 언어요법사, 심리요법사, 사회복지사, 가정 봉사원, 보장구 제
작사, 보건관리자 등 다양하며 각 분야의 참여가 노인질환의 예방, 관
리, 치료에 효과적인 역할을 할 수 있다. 또한 노인환자의 재활은 환
자의 장애 자체뿐 아니라 내과적 문제 및 선행하는 질병의 진행에 따
라 영향을 받게 된다. 따라서 노인환자에게 재활 프로그램을 시작할
때는 재활의학의 기능 평가와 내과적 문제에 대한 평가도 함께 이루
어져야 한다.

대상이 되는 근골격계의 질환으로는 골조송증, 변형성 척추증, 변
형성 관절증, 골관절염, 류마티스양 관절염, 고관절 전치환술, 슬관절
전치환술, 골절, 사지절단 등이 있다. 재활의 과정은 간단한 운동에서
복잡한 운동으로, 환부의 적당한 고정, 할 수 있는 범위 내에서 먼저
온열(溫熱) 등 물리요법 시행, 관절 운동범위(ROM) 훈련 등이며 무리
하지 않는 범위에서 평가에 따라 점진적으로 시행하는 것이 원칙이
며 좋은 방법이 된다. 기타 활용할 수 있는 수단은 운동요법, 체조, 이
학요법, 수술 등이지만 치료 성과를 높이기 위해 시도되는 과도한 재
활은 금물이라 하겠다.

노인과 골절

　일반적으로 노년기에는 골 조직의 외부 충격에 대한 저항력이 감소된다. 미국의 통계를 보면 65세 이상 여자 환자 20명당 1명꼴로 고관절 골절을 경험하며, 75세 이상의 여자 중 20%에서 척추의 압박골절이 발견되는데 이 중 60%가 2년 내에 사망한다고 한다.

　골다공증 환자는 척추골절의 가능성이 매우 높다. 물건을 들어 올린다거나, 의자에 앉았다 일어나거나, 허리를 구부리는 등의 간단한 동작에서도 흔하게 발생된다. 가장 큰 특징은 통증과 운동제한인데 하부 흉추, 상부 요추의 심한 통증과 허리를 움직이기 힘들어진다. 또한 숨을 쉬거나 기침하기도 어렵고 복부 팽만이나 굽은 후만(後彎) 변형이 생겨 영구 변형이 된다. 폐 용량이 줄어들면서 천식, 기관지염이나 폐기종 같은 질환이 동반될 경우 치료가 어려우며 심한 기침 등으로 늑골골절이 생기기도 한다. 만일 경부에 발생하면 키가 작아지고, 목을 뒤로 젖힐 때 뻣뻣하면서 아프며 긴장성 두통도 생기게 된다.

골조송증으로 인한 척추골절은 안정과 허리 보조기 등이 필요한데 이후 천천히 보행연습을 시행하여야 한다, 만일 골절로 인해 척추신경이 손상되어 하지 등에 신경마비 증상이 있으면 정밀검사 후 손상 부위와 발현 부위에 따라 관리하여야 한다.

노인 골절 치유 시기에는 대사성질환이나 암의 전이 여부를 확인하고, 대퇴골의 경우에는 대퇴경부 골절과 전자간 골절이 흔한데 연

령이 증가할수록 전자간 골절이 증가한다. 특히 80세 이후에는 전자간 골절이 대퇴경부 골절보다 배(倍) 이상 발생한다. 이 경우 환자의 거동이 불가능해져 오래 지속될 경우 폐전색, 폐렴, 심부전, 염증, 신경계 합병증 등으로 사망할 확률이 높아진다.

이외 슬부 주위의 관절, 대퇴골 과상부, 경골, 근위 상완골 등의 골절과 콜레스(Colles) 골절이 흔한데 콜레스 골절은 원위 요골(distal radius) 골절로 폐경 후의 여성에게서 자주 나타난다.

골다공증 환자의 경우 골절이 발생하지 않도록 하는 것이 무엇보다 중요하다. 평소 허리를 굽혀 무거운 물건을 드는 동작을 피하고, 지팡이 등을 사용하여 보행 시 몸의 균형을 잘 잡아 넘어지는 것을 방지해야 한다. 가슴 근육을 펴고 심호흡을 자주 하거나 수영, 자전거 타기 등과 같은 척추에 무리를 주지 않는 운동을 꾸준히 시행하는 것도 예방을 위한 좋은 방법이 된다.

노인 중풍

흔히 말하는 중풍(中風)의 의미는 '바람 맞았다'로 해석된다. 바람은 지구 내의 기후 인자 중 하나로 기압에 의해 발생하며 기압의 정도에 따라 바람의 강도(强度)가 결정된다. 적당한 바람은 동·식물의 성장과 활동에 긍정적인 도움을 주지만 정도를 벗어난 강풍은 오히려 생명을 위협한다.

바람의 대표적인 피해는 강풍에 의한 쓰러짐인데 옛날 우리 선조들은 이 모습을 보고 사람이 쓰러지는 병을 풍(風)과 관련지어 생각하여 왔다. 또한 중풍이 다른 병과 달리 무서운 것은 회복 후 심신의 후유장애가 나타나기 때문인데 노인층의 중풍은 장년층과 달리 그 회복이 더디고 후유장애가 심한 것이 대부분이다.

중풍은 뇌혈관질환으로 인식되는데 크게 뇌출혈, 뇌경색으로 나뉜다. 뇌혈관이 터져 출혈된 것은 뇌출혈, 혈관의 손상 없이 혈관이 막힌 것을 뇌경색이라고 한다. 어떤 것이든 정도의 차이는 있지만 쓰러짐, 반신불수, 두통 및 어지러움, 언어장애, 의식장애와 대소변장애 등이 나타나며 발병과 함께 평생 후유증을 갖게 되는 것이 일반적이다. 다행히 요즘에는 진단 및 수술기법이 발달해 생명에 직접 영향을 주는 경우는 적어졌지만 후유장애에 대한 효과적인 치료는 아직 미비한 실정이다.

한의학에서도 중풍에 대한 중요성과 심각성에 대한 내용을 자세하게 기록하고 있는데 잘 치료되지 않아 예방을 강조하고 있다. 특히 상징적인 표현으로 집게와 셋째 손가락이 저리거나 감각이 둔하면 3년 이내에 중풍이 온다고 표현하고 있어 기혈(氣血)의 흐름에 이상이 생기면 중풍이 올 확률이 높음을 지적하고 있다. 같은 원리로 이해되는 혈압의 변화는 현대의학에서도 중요하게 다루고 있는데 고혈압은 혈관의 파열, 저혈압은 혈관의 막힘과 관련지어 연구하고 있다.

일단 중풍이 발생되면 보통 병원에서 진단과 치료를 받지만 만일 야간이나 오지(奧地)에서 이런 경우를 당했다면 어떻게 대처하는 것이 좋을까…….

우선 편안하게 눕히고 기도(氣道)를 확보하는 것이 중요하다. 만일 어르신이 토하거나 발작 증상이 있다면 입 안에 있는 이물질을 제거하고 혀가 말려 기관지가 막히는 현상을 방지해야 한다. 또한 목의 눌

림을 방지하기 위해 목 주위를 느슨하게 하여 자연스런 호흡을 도와주어야 한다. 환자의 의식 상태를 알아보기 위해 수시로 말을 시키거나 신체의 일부분을 자극하여 그 반응을 관찰하는 것도 필요하다. 주위에 혈압기가 있다면 혈압을 체크해 혈압의 변화를 기록하는 것도 향후 병의 진행 상태를 관찰할 수 있는 자료가 된다. 갑작스런 이동이나 충격은 병의 악화를 초래할 수 있어 세심한 주의와 전문가의 상담이 필요하다.

전통적인 방법 중 손가락과 발가락 끝을 바늘로 따서 피를 내는 방법이 있는데 임상적인 자료나 실험적인 결과에 의하면 일부 중풍의 진행을 억제하거나 회복에 도움을 준다고 한다. 어르신의 의식 상태와 발병 정도에 따라 우황청심원(牛黃淸心元)을 투여하는 것도 필요하지만 공기가 잘 통하고 대소변의 변화를 관찰하는 것도 중요하다. 일반적으로 뇌출혈로 발생되는 중풍은 2~3일이 고비이고, 뇌경색으로 발생되는 중풍은 7~10일이 중요하다. 물론 사망률은 뇌출혈이, 후유장애는 뇌경색이 높다.

풍의 성질은 잘 돌아다니고 잘 변한다. 이 말은 표현되는 증상이 다양하고 변화가 심해 치료를 담당하고 있는 의사나 가족 모두에게 어려움을 준다는 말과 통한다. 결국 개인은 물론 가족과 사회도 예방에 관심을 가져야만 노인 중풍을 줄일 수 있다.

노인 중풍 예방법

가을이 지나 초겨울에 접어들면 중풍 환자가 늘어난다. 이때 흔히 생기는 안면신경마비나 사지말단부위의 저린 증상은 남녀를 불문하고 자주 발생되며, 평소 고혈압이나 당뇨 등과 같은 혈관성 장애를 갖고 있는 노인층은 중풍이 올 확률이 높고 발생 빈도도 높다. 일단 중풍이 발생하면 증상과 후유증으로 환자에게 큰 고통을 준다. 결국 예방이 중요하다고 하겠다.

그런데 예방에 대한 일반인의 잘못된 생각이 있다. 의사에게 물어보는 가장 흔한 말이 "어떻게 하면 중풍을 예방할 수 있나요?"인데 예방 주체를 본인이 아닌 의사로 착각하고 있고 의사에게 너무 의지한다. 의사는 단지 질병을 관리하고 환자의 자연치유력 회복을 도와주는 것뿐인데 환자의 요구는 그 한계를 뛰어넘고 있다.

쉽게 중풍을 예방하는 것들로 어떤 것이 있을까…….

이를 찾아내려면 순환 원리를 알아야 한다. 순환의 핵심은 심장이고 심장의 궁극적인 목적은 뇌혈관과 말초혈관의 원활한 순환인데 이러한 심장의 기능 저하는 곧 뇌 순환의 장애와 손과 발의 순환장애를 야기해 다시 심장에 부담을 주게 된다. 특히 뇌는 충분한 산소와 영양분이 항시 요구되는 중요한 장기(臟器)이며 주된 업무가 사고(思考)와 신경계를 통한 신체의 조절이기 때문에 뇌의 기능 저하는 커다란 신체적 장애를 야기한다.

결국 중풍의 예방은 순환 원리로 보면 뇌 순환능력, 심장기능 및 말초순환의 수용능력 등의 적절한 유지가 관건이 되며 이를 효과적으로 수행할 수 있는 방법이 중풍 예방의 지름길이 된다. 따라서 심장 기능은 뇌 순환능력과 말초순환의 수용력이 원활하면 크게 문제 되지 않아, 뇌의 순환과 말초순환을 촉진시키면 심장의 부담을 덜게 된다. 뇌의 순환을 돕는 방법으로 즐목(櫛沐), 소두(梳頭) 등의 방법이 있다. 둘 다 머리를 빗는 동작으로 머리에 있는 여러 경혈(經穴)을 자극해 뇌의 순환을 도와주어 두통, 어지러움, 항강(項强) 등과 같은 혈관성 질환에 효과가 있다. 빗의 종류와 관계없으며 손가락을 세워 자극을 주어도 좋다.

말초혈관을 도와주는 방법으로 손을 사용하는 방법이 있는데 양손을 비빈 후 발생하는 마찰로 인한 열(원적외선 방출)과 생체전기의 활성화를 통해 순환을 촉진할 수 있다. 손을 비빈 후 비빈 손으로 양발을 마찰하면 말초순환에 도움을 준다. 누워서 양손과 양발을 곧게 펴 몸과 수직이 되게 한 후 2~3분 손발을 흔드는 것도 사지 순환에 도움을 줄 수 있는데 어떤 방법이든 본인에 맞는 방법을 택해 꾸준히 실천할 때 효과가 있다.

순환의 중요성과 함께 꼭 명심하여야 할 것이 '목'이다. 목은 사지와 심장을 뇌로 연결시켜주는 중요한 신체 부위이며 통로로, 아무리 뇌나 심장의 기능이 좋다 하여도 통로인 목이 경직되어 신경이나 혈관을 압박하면 제 기능을 다할 수 없게 된다. 따라서 목의 긴장을 해소하고 유연성을 유지하는 것도 중풍 예방에 중요하다. 특히 스트레스가 많고 복잡한 현대사회는 목의 경직을 가중시키는데 최근 이로 인해 발생되는 중풍질환도 많아지고 있다.

한의학은 예로부터 중풍과 관련된 장기로 간(肝)을 우선으로 꼽았는데, 칠정(七情) 중 성냄(怒)은 간의 감정 표현으로, 만일 표출되지 않고 안에서 울체(鬱滯)되면 중풍이 올 가능성이 높아진다. 화내야 할 때 적당히 화를 내는 것도 중풍을 예방하는 방법이 됨을 알아야 하겠다.

어지럼증

　나이가 들어 나타나는 대표적인 증상 중에 어지럼증이 있다. 어지럼증은 어지러워 일상생활에 불편을 주는데 아이들부터 성인까지 모든 계층에서 나타난다. 그러나 나이가 들어 나타나는 어지러움은 다른 연령층의 그것과는 사뭇 다르다.

　어지럼증에 대한 재미있는 표현으로 '고추 먹고 맴맴'이란 말이 있다. 고추의 매운맛 때문에 정신이 흔들려 어지러운 상태를 익살스레 표현한 말이다. 또 타인과 대화가 잘 통하지 않거나 주변 사항이 복잡하여 머릿속에서 정리가 잘 안될 때 우린 흔히 '어지럽다'는 표현을 사용한다. 확실히 어지러움은 뇌와 밀접한 관계가 있는 듯싶다. 하지만 우리가 흔히 겪는 어지럼증은 다른 원인에 의해 발생하기도 하며 어르신의 경우 전신이 허약하거나 정신적인 요인에 의한 발생도 많다.

어지럼의 한자 표기는 현훈(眩暈)이다. 그런데 眩暈을 잘 들여다보면 어지럼이 발생되는 원인과 증상을 이해하게 된다. 현(眩)은 눈 목(目)과 검을 현(玄)의 결합이고, 훈(暈)은 날 일(日)과 군사 군(軍)이 합쳐 만들어진 글자이다. 또한 군(軍)이란 단어 속에는 탈것을 나타내는 차(車)가 포함되어 있다. 때문에 어지러우면 눈을 뜨기 어렵고 어지러움이 심하면 눈앞이 캄캄해지며, 어지러울 때 강한 햇빛을 받으면 더 어지럽게 느낀다. 또 누구나 경험하는 일이지만 차나 비행기, 배 등을 타면 건강한 사람도 어지러움을 느끼는데 만일 평소 자주 어지러웠다면 고생을 각오해야 한다.

어지럼증의 양상은 크게 네 가지 형태로 구분할 수 있다. 빙빙 도는 어지러움이 첫째이고, 눈앞이 캄캄하고 어찔어찔한 느낌을 갖게 하는 어지러움이 둘째이다. 세 번째의 유형은 몸의 균형을 이루지 못해 한쪽으로 기울어지는 어지러움이며, 이들이 혼합되어 나타나는 어지러움이 네 번째 유형이다.

물론 이러한 유형은 질병을 감별하는 데 큰 도움을 주는데 그 이유는 원인에 따라 어지러움이 다르게 나타나기 때문이다.

어지럼증과 관련된 인체 기관을 살펴보면 뇌가 가장 관계가 깊다. 그리고 귀, 눈, 척추, 내부 장기 등과도 관련된다. 생명과 직결되어 나타나는 어지러움은 뇌와 척수를 잇는 뇌간부위와 소뇌의 출혈, 뇌경색 또는 뇌종양의 경우 등이다. 이 경우 빙빙 도는 어지러움과 함께 마비, 저림, 언어장애, 시력장애 등이 동반된다. 이때는 원인 질병의 치료와 함께 소실되는 경우가 대부분이다.

귀에는 몸의 기울기를 감지하여 뇌로 전달하는 세반고리관이 있는데 이상이 있으면 어지럼증이 나타난다. 대표적인 질환이 메니에르병(Meniere's disease)인데 갑작스런 현기증과 함께 멀미처럼 구토와 이명

(耳鳴)이 나타나며 이를 반복하기도 한다. 심한 경우 누워 있어도 천장이나 주위가 빙빙 돈다. 귀에 염증이 있거나 귀 신경에 종양이 생겼을 때도 빙빙 도는 현기증이 나타난다.

눈도 귀처럼 몸 위치에 대한 정보를 뇌에 전달하므로 눈에 이상이 있어도 어지러움이 발생될 수 있다. 우리가 눈을 감고 잠시 서보면 몸이 흔들리면서 어지러움을 느끼게 되는데 같은 원리에 의한 현상이다. 그러나 어르신의 경우에는 백내장으로 인한 어지러움이 많다.

한의학에서는 어지러운 현상을 바람(風)의 생리와 관련시키고 있다. 바람이 적당히 불면 사물의 성장이나 순환에 도움을 주지만, 반대로 세게 불면 사물을 어지럽게 만든다. 때문에 인체 외부 환경 중 바람은 앞서 설명한 어지럼증을 악화시키는 인자가 되며, 혈관의 경화나 순환장애는 결국 신체 균형을 잃게 하는데 이런 현상이 마치 강한 바람에 의해 쓰러지는 나무의 모습과 같아 옛날부터 몸 안에서 발생된 바람으로 인식하여 왔다. 때문에 바람을 일으키는 인자(음식, 환경 등)를 조절하는 것도 치료나 예방의 방편이 된다고 생각해 왔다.

흔히 자주 나타나는 어지럼증에는 전신의 영양 상태와 관련된 것도 있다. 혈액이 부족하거나 혈액 성분이 탁(濁)하면 모두 어지럼증을 유발할 수 있다. 전자의 경우는 기혈(氣血)이 부족한 경우로 충분한 영양 섭취와 휴식이 먼저 전제되면서 치료하여야 하며, 후자의 경우에는 소식(小食)과 함께 체력에 맞는 운동이 필요하다. 치료약물로 설명하면 전자는 보기혈제(補氣血劑), 후자는 담음, 어혈을 제거하는 소담거어제(消痰祛瘀劑)가 해당된다.

　귀와 눈의 노화로 인한 어지럼증에는 건욕(乾浴)이라는 쉬운 치료 방법이 있다. 양손을 비벼 그 열감(熱感)으로 눈과 귀를 충분히 마사지하는 방법이다. 손쉬운 동작에 비해 그 효능은 크다. 하지만 쉬운 방법일수록 지속적으로 시행하여야만 효과가 있음을 명심하여야 한다. 그 까닭은 공기나 물처럼 인체에 중요한 역할을 담당하는 물질은 항상 꾸준히 섭취하여야만 그 진가를 발휘하기 때문이다.

전립선비대증

　전립선비대증은 전립선이 커져 방광 경부를 막아 배뇨장애와 이에 따른 이차적인 증상들을 나타내는 남성 질환으로 주로 50대 이후에 나타나며 동양인에 비해 서양인에 많은 질환으로 알려졌지만 최근에는 동양에서도 빠르게 늘어나는 질환 중 하나이다.

　서양의학에서는 종양, 동맥경화, 염증, 대사성, 영양 또는 내분비성 등 다양하지만 가장 큰 요인은 고환(睾丸)과 고령(高齡)이다. 전립선비대증의 과정은 전립선을 구성하는 최소의 낭상 확대로 시작된다. 이런 변화는 분비액의 체류가 원인이며 분비액은 정상적인 경우에는 정기적 사정으로 배설이 된다. 그러나 이 분비액이 농축되고 감염을 일으켜서 농이나 균형 산물이 축적되어 탈출할 길이 없으므로 마침내 낭종(囊腫)이 형성된다. 이런 낭종의 형성이 전립선 전반에 미치게 되면 전립선 전체가 비대해진다.

전립선비대가 계속되면 배뇨 시작이 지연되고 소변줄기가 가늘어지며, 배뇨 끝 무렵에 방울방울 떨어지는 현상이 나타난다. 또한 잔뇨, 요폐, 빈뇨, 야간 빈뇨, 요실금, 그리고 드물지 않게 혈뇨 등이 나타나기도 한다. 한의학의 융폐(癃閉)에 해당되며 상초(上焦)로 인한 경우는 폐장이, 중초(中焦)의 경우 비장이, 하초(下焦)의 경우 신장이 원인이 되기 때문에 원인에 따라 다르게 관리하고 있다.

서양의학에서는 수술이 주종을 이루었으나 현재에는 약물치료(알파 아드레날린 수용체 차단제와 5-알파 환원효소 억제제가 대표적 약물), 레이저 시술, 온열치료 등을 병행하고 있고 한의학에서는 소통에 중점을 두고 허실을 살펴 실증에는 염증으로 인한 분비물 제거에 초점을 두며 허증(虛症)에는 폐, 간, 신을 보강해 소통을 원활히 하는 방법을 활용한다.

도움이 되는 대표적 약물은 일반적으로 정력제라고 알려져 있는 팔미환(八味丸)이 해당된다. 허리를 양손으로 문지르는 방법도 꾸준히 시행하면 도움이 되고, 배꼽에 뜸을 뜨는 방법도 효과가 있다. 산수유, 복분자, 소의 콩팥, 밤, 검은콩 등이 전립선비대증에 좋다고 알려져 있지만 활용하기 전에 전문의와 상의하는 과정이 필요하다.

치매 예방 5계명

늘 유념해 뇌의 오류를 줄이는 최선의 방법 5가지.

1. 암송

'치매에 걸리지 않게 해주십시오. 치매에 안 걸려 감사합니다.'

장수자들을 직업적으로 분류, 분석해 보면 종교인들이 상위에 속해 있다. 꾸준히 반복되는 신앙생활과 기도나 암송을 통한 마음의 안정이 수명에 좋은 영향을 준다고 하겠다. 암송이나 기도는 반복함으로써 그 힘이 강해진다. 흔히 알려진 자기암시는 의도적으로 특정 목적을 위해 행해지는 심리요법이다. 이른바 기도, 암송 에너지란 것도 있다. 큰 에너지가 움직여 사물이나 생체에 영향을 준다. 매일 반복해 치매에 대한 걱정과 현실에 대한 고마움을 반복해서 기원한다면 치매가 올 확률이 적다.

2. 염려

'치매 걸리면 안 되는데!'

염려 또한 치매를 예방하는 좋은 방법이다. 어떤 일을 추진할 때 벌어지는 많은 경우를 미리 걱정하고 준비하면 무사히 일을 마치게 된다. 우리 몸도 주인이 늘 걱정하고 조심한다면 외부로부터의 피해를 줄일 수 있고 내부적으로도 안정되어 자신감이 생긴다. 적당한 염려는 자신의 몸과 마음을 움츠리게 만들지만 외부에 대한 방어 능력을 함께 만들어 질병에 대한 강한 대처 능력이 생기게 한다. 준비 없이 당하면 그만큼 손실이 크고 설사 복원을 한다 해도 후유증이 오래가는 만큼 늘 염려하는 자세를 갖게 되면 치매 예방에 큰 도움이 된다.

3. 관찰

'주변 치매 환자를 관찰하며 자극을 받아야 한다.'

막연히 암송이나 기도를 하는 것보다 염려를 하는 것이 치매예방에 더 효과적임을 앞서 밝혔다. 하지만 실제 치매 환자의 실생활을 경험하면 예방 목표가 더 뚜렷해진다. 치매 환자의 행동(行動)이 자신의 머릿속에 각인되어 치매를 앓지 말아야지 하는 각오가 뚜렷해지기 때문이다. 책을 통해 간접 경험하며 자신의 뜻을 세우는 것과 같은 맥락이다.

4. 수족 운동

'뇌 노화 방지를 위한 최고의 방법이다.'

손발의 움직임과 뇌의 능력은 확실히 관계가 깊다. 태어나 누워서도 손발을 움직이는 신생아를 보면 신기하지만 심장이 정상적으로 움직이면 반드시 수족의 말단혈관도 함께 반응하게 되어 있어 그 반응으로 움직임이 시작된다. 그리고 성장하면서 충분한 혈액 공급이

가벼운 스트레칭

이루어지면 뇌의 성숙과 신체 발달을 시작하는데 이때 정상적인 성장과 뇌 발달은 손과 발의 움직임과 비례한다. 물론 인위적으로 손발을 훈련하는 운동선수인 경우는 좀 다르지만 일반적으로 손발의 움직임이 활발하고 제약이 없으면 정상적인 뇌 기능을 보장받는다.

치매는 뇌가 기능 손실이나 퇴화로 제 기능을 못하는 질환 중 하나로 그 예방법으로 손과 발의 규칙적인 운동을 권한다. 이는 손발이 소화기계 장기와 관련이 깊고, 영양소를 보내는 심장과 뇌를 자극하여 뇌세포의 퇴화를 예방하는 효과가 있기 때문이다. 손목과 발목 스트레칭, 목 체조 등을 꾸준히 하면 반드시 치매를 예방할 수 있다.

5. 심신 교류

'하루 1~2시간, 몸과 마음이 하나 되는 시간을 갖는다.'

우리 몸의 주인은 각자의 마음이다. 하지만 바쁘다고 자신의 몸을 안 돌보면 건강을 해치게 된다. 치매의 발생도 예외가 아니어서 몸과 마음이 따로 놀면 발생 확률이 높아진다. 남녀 공히 40세를 넘어서면 지적 상승이 최고조에 이른다. 반면 체력은 이때 갑작스럽게 저하된다. 즉 정신이 요구하는 만큼 육체가 따라가지 못하게 된다. 이런 심신의 관계를 평소에 알아보고 싶으면 의식적으로 몸과의 대화를 시도해보면 좋다. 매일 샤워하는 동안에 몸 구석구석을 만지면서 얼마나 자신의 몸을 사랑하는지 몸에게 말을 걸어보는 방법이다. 만일 이런 방법이 익숙하지 않다면 취침 전 간단한 스트레칭이나 요가의 간단한 동작을 통해 신체의 느낌을 공유해보는 것도 좋은 방법이다. 이렇게 하면 몸과 마음이 서로를 이해하게 되어 무리한 심신활동을 자제하게 된다.

기계가 만들어질 때 수명이 있다고 가정하면 부품 교체 없이 오래 쓰는 방법은 과부하를 피해 무리 없이 사용하는 방법일 것이다. 자신의 몸은 자신의 것이고, 관리나 책임은 본인에게 있기 때문이다.

울증

울증(鬱症)이란 순수 한의학적인 용어로 일반인이 알기 쉬운 말로는 우울증에 해당된다. 울증과 우울증은 협의의 의미로는 둘 다 정신질환을 뜻하지만 우울증보다 울증의 범위가 훨씬 넓다. 한의학에서 지칭하는 울증의 개념은 기울(氣鬱)로부터 시작되는데 기(氣)는 인체의 기능과 밀접하며, 기가 있어야 생리 활동이 시작되기 때문에 울증이 발생하게 되면 기의 정체(停滯)를 먼저 생각하게 된다.

기가 울체(鬱滯)되면 어떤 현상이 나올까? 첫째는 신체의 리듬에 영향을 주어 전신(全身)적인 증상을 야기하며, 둘째로는 혈액 순환에 영향을 주어 각 조직과 장기(臟器)에 나쁜 환경을 만들어 준다. 그리고 그 결과 정신적인 장애를 초래하게 된다.

울(鬱)을 옥편에서 찾아보면 막힌다는 뜻이 있다. 때문에 막히면 통하지 않게 되어 인체 내의 기혈(氣血) 흐름에 지장을 준다. 그러나 울에는 풍성함을 나타내는 '우거지다'의 의미와 무성한 수풀의 모습을 나타내는 '무성하다'는 뜻이 있어 자연의 한 현상으로 인식할 수 있다. 하지만 한의학에서 의미하는 울은 감정의 변화에 따라 기의 흐름에 영향을 주기 때문에 현대의학의 우울증과 관련지어 생각하고 있다.

우울증은 신체의 각 기관과 조직에 영향을 준다. 과장해서 말하면 세포 하나하나에 영향을 준다. 그만큼 신체 리듬에 크게 영향을 준다고 할 수 있다. 우울증에 걸린 경우 일반적으로 기분이 나쁘다거나 우울하다는 표현을 하지 않는다. 오히려 신체적인 불편함을 호소하게 된다. 이런 현상은 일반 성인보다 어르신의 경우 더한데 신체의 불편함을 호소하여 주위의 시선을 끌려는 심리적인 요소도 있다.

예를 들어 잠이 안 온다든지, 기억력이 감퇴하였다든지, 어지럽다는 증상은 실제 그런 병이 있어서가 아니라 정신적인 우울(憂鬱)로 시작되는 경우가 많다. 우울증은 정신적인 안정이나 감정을 조절하면 잘 치료가 된다. 물론 우울증의 정도가 심해 일상생활에 지장을 줄 정도면 약물이나 정신치료를 받아야 한다. 하지만 감정에 따른 기(氣)의 변화를 알면 우울증에 대한 두려움을 극복할 수 있다.

동양의학에서는 감정을 칠정(七情)으로 표현하고 있다. 희(喜), 노(怒), 우(憂), 사(思), 비(悲), 경(驚), 공(恐)이 이에 해당된다. 칠정에 따라 반응하는 기(氣)의 모습을 정확하게 표현하고 있다. 너무 기쁘면 기는 흩어지고, 화가 나면 기가 격해지고, 근심하면 기가 울체되고, 생각을 너무 많이 하면 기가 가라앉고, 슬프면 기가 막히고, 놀라면 기가 도망가고, 두려우면 기가 가라앉는다.

　어르신들에 많은 우울증은 어떤 감정의 변화가 있을까!

　외로움과 관련된 우울함(憂), 슬픈 감정(悲)이 많고, 노후의 생활에 대한 생각(思)과 두려움(恐)이 많게 된다. 이런 감정은 기의 흐름을 방해해 잘 막히거나 가라앉게 만든다. 때문에 노년층에게는 순환이 잘 되지 않는 질환이 발생하고 이런 질환을 앓고 있는 경우 악화시킨다.

　많은 학자들은 우울증에 자신감과 운동을 추천한다. 이런 제안에 필자도 찬성하는데 운동은 기의 흐름을 촉진시키고 기를 적당히 소모시켜 신진대사에 도움을 주는데 이 영향을 뇌가 받기 때문이다. 또한 적절한 상담이나 좋은 대인관계는 우울증을 치료하거나 예방하는데 아주 좋은 방법이며 심신의 불균형에 의한 우울증에 대처하는 적극적인 자세라 하겠다.

　우울증 치료에 자주 쓰이는 처방 중 '천왕보심단(天王補心丹)'이란 약이 있다. 이름처럼 심장을 굳건히 할 수 있도록 도와주는 약이다. 그러나 막상 들어간 약재는 거의 기의 흐름을 좋게 하고 정신적인 긴장감을 해소하는 약으로 구성되어 있다. 심장을 튼튼하게 하는 방법으로 기의 흐름과 혈액 순환에 도움을 주는 치료 방법을 선택한 것이다.

우울증은 비록 감정의 변화에 의해 생긴 질병이지만 기의 흐름과 관련이 있다. 이 점은 전신상태(全身狀態)를 감안해야 바른 치료와 관리가 가능함을 시사하고 있다.

고혈압

　고혈압은 노인에게 많이 나타나는 증상이며, 질병으로 원인은 아직 완전히 밝혀지고 있지는 않지만 중추신경계통과 내분비체액조절 기능의 혼란과 관련 있는 것으로 생각되고 있다. 장기간의 정신적 긴장, 정신적 손상 등에 의해 야기되는 혈관수축, 전신 소동맥의 경련과 주위 혈관의 저항 증가로 고혈압이 된다.

　고혈압은 노화, 환경, 유전, 고지방질과 염류 섭취 등과 관련이 깊다. 특히 한의학에서는 정지실상(情志失常), 무절제한 식생활, 내상허손(內傷虛損), 혈어저락(血瘀阻絡) 등과 밀접한 관계가 있다. 고령에서 고혈압 빈도가 높아지는 것은 대동맥과 말초혈관의 저항이 높아지기 때문인데 혈관의 노화현상과 관련 깊다. 혈압뿐만 아니라 동맥내벽중벽 비후, 콜라겐 증가, 세포 내 칼슘 함량 증가 등도 고령일수록 혈관의 저항성을 높이는 요인으로 작용한다. 이러한 혈관저항의 증가와 순응도의 감소는 죽상경화에 의하여 더욱 심해지는데 죽상경화는 신동맥의 내경이 좁아지면서 심박출량과 상관없이 신장의 혈류를 감소시키고 염류 배설의 감소로 인한 혈액 증가를 일으켜 고혈압을 일으키게 된다.

혈압이 높으면 머리가 어지럽고 아프며, 소변이 자주 마렵고, 얼굴이 달아오르며, 머리가 무겁고, 목이 뻣뻣하며, 변비가 오고, 구역질이 나며, 잘 놀라고, 입이 마르는 등의 증상이 나타난다. 고혈압의 치료는 중풍 발생을 예방하기 때문에 혈압조절은 매우 중요하다. 흔히 알려진 지침을 보면 염분 섭취를 줄이고, 운동으로 체중을 줄이며, 과음을 삼가고, 스트레스를 해소해야 한다. 민간에서 사용할 수 있는 약재로는 두충 잎과 껍질, 솔잎, 감잎(고욤잎) 등이 있지만 무엇보다 중요한 것은 충분한 수면과 심신을 이완할 수 있는 따뜻한 목욕 등이 필요하다.

고혈압을 관리하는 올바른 식단은 고혈압의 원인이 되는 음식(고콜레스테롤 식품 등)을 줄이고 점차 자연식으로 전환하며 자연치유력을 증강시키는 식품(배아, 솔잎 농축액, 매실 농축액, 감, 어성초 등)을 보충한다. 고혈압을 예방하는 운동으로는 가벼운 조깅, 수영, 줄넘기, 스트레칭, 심호흡과 마사지, 요가 등 다양하지만 운동 시작 전 의사와 상의하여 본인의 체력 정도를 알고 하는 것이 현명하다.

술과 과도한 식염을 금하고, 스트레스를 해소하며, 일관성 있게 약물 복용을 유지한다. 고혈압을 방치하면 뇌나 심장, 신장, 눈과 같은 중요 기관에 장애가 일어나기 쉬워 위험하다. 고혈압은 생명과 직결되는 여러 합병증을 유발하기 때문에 주의해야 한다. 특히 중풍의 전조 증상이 되므로 꾸준한 관리가 필요하다.

결핵

결핵은 한의학의 노채(癆瘵), 폐로(肺癆)의 범위에 속한다. 결핵은 일종의 만성전염질환이며 저항력이 약할 때 결핵균에 감염되어 발생한다. 결핵은 전신질환으로 각 기관에 생길 수 있지만 폐결핵이 가장 흔하다. 노년층에 결핵이 많은 이유는 이전에 감염되어 잠재하던 결핵이 노화로 면역력이 떨어져 발생하거나 다른 만성 질환의 발생으로 면역이 떨어진 틈을 타 외부 재감염 되기 때문이다.

한의학에서는 외인과 함께 내인도 중요시 생각하는데 외인은 결핵균을 지칭하는 것이고 내인은 기혈허약, 음정의 결손, 정기부족과 같은 면역시스템을 지칭한다.

결핵의 진행 과정을 보면 유상피세포를 중심으로 결핵결절이 생기고 건락변화를 일으키는 특징적인 병변을 나타내는데 특이성염증으로 분류된다. 조직의 침윤, 건락변성(乾酪變性), 공동화 등이 특징이며, 증상은 비특이적인 경우가 많지만 만성 심혈관계질환, 만성 폐질환, 악성종양 등이 병발하는 경우가 많아 결핵의 주요 증상인 발열, 체중 감소, 만성기침과 객혈이 관찰되더라도 만성 기관지염, 노화의 증상으로 간주하여 진단이 늦어지게 된다.

비특이적인 증상인 식욕 감퇴와 체중 감소는 청장년기보다 노인에서 더 많이 관찰되며 환자의 1/3 정도는 폐중엽이나 하엽에서 병변이 관찰된다. 임상검사에서는 빈혈, 백혈구 증가, 적혈구 침강속도 증가 등이 관찰된다.

서양의학에서는 청장년기, 노인 구분 없이 잘 알려진 결핵치료제 (INH, Rifampin, Ethambutol, Pyrazinamide 등)를 6개월 이상 사용한다. 한의학에서는 자음윤폐(滋陰潤肺), 보폐건비(補肺健脾), 윤폐자신(潤肺滋腎), 온보비신(溫補脾腎) 등의 치료 원칙과 함께 측백(側柏), 사삼(沙蔘), 맥문동(麥門冬) 등의 약재를 사용하고 기공, 태극권, 팔단금 등과 같은 운동요법을 함께 활용하여 회복 속도를 높인다.

결핵은 환절기의 적응력을 높이고, 정신수련을 통해 면역력을 강화하고, 심폐기능을 개선하면 회복할 수 있다. 생후 1개월 이내에 BCG(bacille de Calmette-Guerin vaccine)를 접종하여 인공 면역력을 키우는 것이 일차 예방 방법이고 평상시 규칙적인 생활과 운동을 통해 자가 면역력을 기르는 것이 성인이 되어 예방하는 방법이다. 좋은 외부 환경을 접해 결핵균을 차단하는 것은 고령(高齡)에 특히 중요하다.

흡연, 음주를 피하고 치료 약물의 선택도 부작용을 고려해야 한다. 65세 이상 환자의 40%에서 처방을 변경한다는 보고를 보면 납득이 간다.

노인들은 시력 저하, 기억력 감퇴, 복합처방과 투약 시간에 대한 인식 부족 등으로 복약 신뢰도가 좋지 않아 투약 여부에 대한 확인이 필요하다.

노인성 빈혈

혈액 중에 적혈구(赤血球), 혈색소(血色素: 헤모글로빈) 수치가 건강한 사람보다 낮으면 흔히 빈혈이라고 한다. 노인성 빈혈이 일반 성인의 빈혈과 다른 점은 발생률이 비교적 높고 철 결핍성 빈혈이 많으며 이 중 적지 않은 경우에 재생불량성 빈혈이 나타난다.

기력이 떨어지고 혈액이 부족해지기 쉬운 노인들에게 나타나기 쉬운 질환인데 한의학에서는 혈허(血虛)나 허로의 범위에 속한다. 철 결핍성 빈혈의 경우 빈혈 가운데 흔한 것으로, 특정 질병에 수반돼서 발생하는 빈혈과 원인불명의 본태성(本態性) 저색소성 빈혈로 대별된다. 이 가운데 질환과 동반되어 나타나는 것으로는 구충성(鉤蟲性) 빈혈, 실혈성(失血性) 빈혈, 반티증후군, 무위성(無胃性) 빈혈 등이 있고 임신, 위암, 편식 등으로 인해 나타나는 철 결핍에 의한 빈혈 현상도 있다.

재생불량성 빈혈의 경우·골수(骨髓)의 혈구 생성 능력 감퇴로 기인하는데 엑스레이나 방사능 등의 조사(照射), 화학약품, 환경에 의한 손상 등이 원인으로 알려졌지만 원인불명인 경우도 많다.

한의학에서는 비위허약, 신정(腎精)의 결손, 칠정(七情)이 관여하는데 특히 병을 오래 앓고 난 후 정기가 허해지고 기혈이 손상되어 발생된다. 어르신의 경우 비위기능이 저하되어 혈액을 공급하는 능력이 떨어져 혈허(血虛)가 나타나고, 신정(腎精)이 부족해 영양분 섭취가 떨어져 빈혈이 나타난다. 또한 급격한 정신적인 변화는 간음(肝陰)을 손상시키는데 이때 간혈(肝血)이 부족하게 된다. 결국 노인의 빈혈은 신(腎), 비(脾), 간(肝)의 기능 변화와 밀접함을 알 수 있다.

주요 증상으로는 얼굴, 안검결막(眼瞼結膜), 구순점막(口脣粘膜), 손톱 등이 창백해지고 조금만 운동을 해도 가슴이 뛰고 숨이 차며 피로하게 된다. 두통, 이명(耳鳴), 현기증이 자주 나타나고 손톱 모양이 변해 주름살이 생기거나 손상되기 쉬어 숟가락처럼 위로 젖혀지며, 머리는 윤기가 없어지고, 설점막(舌粘膜)이 위축되고 광택을 띤다. 간혹 황달, 피하출혈반(皮下出血斑) 등을 동반하기도 한다.

일반적으로 철분 투여는 효과가 있다. 단 1주일간 투여 후 차도가 없으면 다른 종류의 빈혈을 생각해야 한다. 위나 장의 궤양, 치질 등의 원인으로 인한 만성출혈로 나타나는 실혈(失血)성 빈혈이면 지혈처치를 우선하고, 구충성 빈혈인 경우는 구충(驅蟲)을 먼저 해야 한다. 또한 철제(鐵劑) 복용은 혈색소 양이 정상으로 돌아와도 1개월 이상 계속함으로써 체내의 저장철분(貯藏鐵分)을 충분히 공급해두도록 한다.

한의학에서는 간, 신, 비장의 기능을 조정하여 빈혈을 치료한다. 대표적 약물로는 황기, 진피, 인삼, 건강, 육종용, 토사자 등이 있는데 원인이나 제반 증상에 따라 선택해야 하며 한의사의 진찰은 전제 조건이 된다. 철분이 많이 들어 있는 음식을 섭취하는 것도 도움이 되는데 철분이 풍부한 육류와 생선은 물론 곡류, 과일, 야채, 달걀 등의 음식을 골고루 먹는 것이 좋다.

주의할 점은 억지로 먹어서 배탈이 나면 안 되고 기름기, 매운 것, 과다한 소금 섭취도 피해야 한다. 또한 감기, 내부 발열, 복창(腹脹), 설사일 때는 가급적 먹지 말아야 한다.

노인성 질환의 의미

허준의 『동의보감』에 보면 노인성 질환에 해당되는 병에 대해 상세히 밝히고 있다. 정혈(精血)이 모두 소모되어 칠규(七竅: 눈, 코, 귀, 입의 일곱 구멍)가 정상적인 기능을 발휘하지 못해 울어도 눈물이 없고 웃을 때 눈물이 많이 나며, 재채기를 하지 않아도 평소 콧물이 나며, 귀에서는 매미소리가 나며, 식사량이 적고 입이 마른다고 기술하고 있다.

또한 잠을 잘 때 침을 흘리고, 소변보기가 힘들기도 하고 때론 유뇨(遺尿)하기도 하며, 대변이 잘 소통되지 않아 변비가 생기고 간혹 설사하기도 한다. 수면도 장애가 발생하는데 낮에는 졸린 듯하며, 밤에는 잠을 이루지 못하게 된다고 설명하고 있다. 사백여 년 전의 기록치곤 비교적 정확한 설명이라 하겠다.

현대의학에서는 이를 좀 더 체계적으로 설명하고 있다. 체내의 노화 현상이 주로 나타나는 노년기에 다발하는 질환이며 이를 포함한 일련의 임상증후군이라 정의하고 있는데, 그 특징은 한 사람이 여러 질환을 갖고 있고, 질환의 병태나 증후가 젊은이와 사뭇 다르며, 증후가 비전형적이란 점인데 이런 특징은 정확한 임상진단을 곤란하게 만든다.

또한 물, 전해질 등이 대사이상을 일으키기 쉬운데 무엇보다 중요한 것은 약물치료에 있어 간, 신장 등에 장해를 주기 쉽기 때문에 치료의 폭이 작다는 점이다.

과거나 현재 모두 노인성 질환의 치료나 관리가 쉽지 않음을 일깨워 주는 대목이다.

2014년 말에는 우리나라 노인 인구가 전체 인구의 12%를 넘을 것으로 예상되고 있다. 노인 인구의 증가는 노인성 질환의 증가를 의미한다. 국가에서도 이를 대비해 2008년 7월부터 노인장기요양보험제도를 시행하고 있다. 적용 대상이나 질환에 대한 문제는 아직 미비하지만 시작에 그 의미를 두어야 할 것 같다.

노인장기요양보험제도의 적용 질환은 6개월 이상 혼자서 일상생활을 수행하기 어려운 65세 이상 노인의 질환과, 65세 미만이 앓고 있는 노인성 질환이 해당된다. 여기서 노인성 질환은 대통령령으로 정한다고 하였는데 아직 미정이다. 질환의 종류와 범위에 따라 국가

재정이 달라지기 때문이다.

노인성 질환을 국가가 언급한 것은 고령사회 진입에 따른 의료보장과 복지 차원의 노인 의료 서비스 향상을 의식했기 때문인데 이런 발상은 자칫 의료시장의 혼란을 야기할 수 있다. 노인성 질환은 크게 둘로 나눌 수 있다. 이른바 거동이 불편해 남의 도움을 받지 않고는 생활이 어려운 중증질환과 흔히 나이 들어 평생 불편하게 살아야 하는 만성질환이다.

물론 노인장기요양보험제도의 주 대상자는 중증질환에 해당된다. 중증질환에 부합되는 객관적 범위를 알면 노인성 질환의 경중을 이해하기 쉽다.

하나, 스스로 의식주를 해결하기 어렵다. 의식주란 먹고 입고 자는 생활 기본행동을 말한다.

둘, 인식장애로 타인의 보호가 필요하다.

셋, 신경, 근육, 혈관, 관절 및 골격의 퇴행성 변화나 기능장애로 타인의 도움 없이 일상생활이 어렵다.

넷, 동물의 기본 기능인 운동, 소화, 영양, 배설, 호흡, 생식, 수면 등의 장애로 일상생활이 어렵다.

노인성 질환은 노년층의 질환이다. 하지만 그 시작은 장년층의 노화로 발생한다. 그 경중은 개인의 직업과 환경에 따라 다르며 나타나는 증상도 만성, 중증 등으로 구분된다. 무엇보다 중요한 것은 스스로 일상생활을 할 수 없다는 점인데 국가에서도 이 점을 중심으로 노인성 질환을 풀어나가야 할 것이다.

'노인의 날'의 또 다른 의미

무언가를 기념하는 '날'의 의미는 우리에게 여러 가지를 생각하게 만든다. 역사적인 일들을 기억하는 큰 날부터 개인의 생일과 같은 아주 작은 기념일까지 다양하다. 왜 우리 인간들은 날을 만들고 이를 기념하는 것일까!

과거의 기쁨과 영광을 기려 후손들에게 희망과 자부심을 갖게 하는 기념일이나, 뚜렷한 목적을 위해 이를 성취하기 위한 방법의 하나로 진행되고 있는 기념일 등 다양한 형태들이 있다. 모두 다 특정한 사실을 상기하고 그것으로 교훈을 얻게 하자는 의도가 숨겨져 있다.

우리나라는 다른 나라에 비해 몇 가지 다른 기념일이 있다. 부모님의 노고와 정성을 기리기 위해 정한 어버이날, 아이들을 위한 어린이날, 성년이 됨을 축하하는 성년의 날 등 다양하다. 하지만 10월 2일이 어르신을 위한 노인의 날인 것을 아는 사람은 그리 많지 않다. 노인이 전 인구의 10% 이상을 차지하고 있는 현실을 생각하면 쓸쓸한 생각이 든다. 노인의 날이 제정된 것은 그리 오래되지 않았다. 물론 과거에는 많지 않은 노인과 경제적인 어려움 등으로 노인층에 대한 배려가 미비한 것도 사실이었다. 그리고 노인층을 위한 정책이 무엇인지 어떻게 해야 하는지 잘 모르고 있었다. 때문에 그 필요성이 노인층으로부터 도출되었고 지금의 형태로 발전되어 존재하게 되었다.

'날', 즉 기념일의 의미는 다양하다. 하지만 어린이날, 스승의 날, 어버이날, 노인의 날 등과 같은 특정 계층을 위한 날은 그 의미가 순수하지 않다. 어린이날이 그때까지 충분한 대우를 받지 못한 어린이들을 생각해서 생긴 것이나, 어버이와 스승의 고마움을 표시하는 날들은 뒤집어 보면 그만큼 그동안 적절한 대우를 하지 못하고 있음을 나타내고 있는 것이다. 노인의 날도 노인을 공경하고 배려하자고 하는 의미로 출발했다면 그만큼 우리 사회가 어르신들을 배려하고 있지 않다는 점을 시인하고 있는 것이다.

다행히 지금은 경제나 사회가 안정되어 아이, 스승들에 대한 배려가 예전보다 나아졌다. 오히려 아이들의 경우는 너무 많아서 탈이다. 아마 가까운 장래에는 지금의 아이들처럼 우리 어르신들이 같은 대우를 받을지도 모른다. 하지만 지금의 현실은 이것을 기대하기에는 너무 많이 부족하다. 따라서 지금까지 형식적으로 치러온 노인의 날은 새천년의 시작과 함께 그 의미를 새로이 해야 한다고 생각된다. 단지 그 날을 기념하는 몇 가지 행사가 아니라 한 해의 노인 정책이나 사업들을 평가하고 비판하는 날이 되어야 한다. 또한 사회를 형성하고 있는 계층으로 그 역할과 책임을 다하고 있는지 함께 생각해보는 것도 좋겠다.

지금까지 우리 사회는 노인층을 수동적인 형태로 생각해 왔다. 하지만 사회가 복잡해지고 전문화됨으로써 과거의 경륜과 경험이 더 요구되는 시점이 되고 있다. 능동적인 사회 참여가 필요한 시점이다. 새천년 노인의 날을 기해 그 의미를 새로이 정립할 필요가 있다고 생각된다.

입문

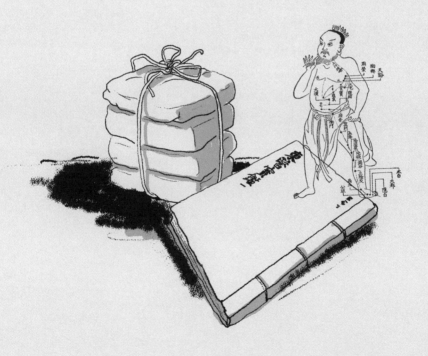

나이가 들면 담력이 떨어진다

　흔히 '쓸개 빠진 사람' 하면 제정신을 차리지 못하는 사람을 가리킨다. 반대로 어지간한 일에 좀처럼 동요하지 않는 사람을 '담력'이 큰 사람이라고 한다. 확실히 담(膽)은 옳고 그름을 판단하는 데, 그리고 소신 있게 행동하는 것과 관련이 깊은 듯하다.

　담은 오장에 속하지 않고 육부에 속하는 기관이다. 간(肝)과는 부부관계이고 해부학적으로 보면 간과 이웃하여 붙어 있다. 일반적으로 부(腑)의 역할은 장(臟)에서 만든 각종 물질들을 보관하여 필요할 때 적절히 공급하는 것을 담당하는데, 담 역시 간에서 만든 각종 소화액이나 효소들을 저장해 필요할 때 공급한다.

　담은 한자로 膽으로 표기하는데 고기 육(肉)과 이를 첨(詹)의 결합으로 '족하다', '충족하다'의 뜻을 지니고 있다. 그 의미는 다른 장부

(臟腑)를 도와주기 위해 자신을 충실히 관리한다는 뜻이 담겨져 있다. 따라서 담의 기능이 약해지면 결과적으로 다른 장기에도 영향을 주게 되는데 특히 간장과 비위에 영향을 주어 소화기질환을 야기하게 된다.

담낭을 쓸개라고도 하는데 진한 녹색으로 길이가 7~8cm, 너비가 4cm 정도의 가지 모양의 주머니로 간장의 아래쪽에 붙어 있다. 간장에서 만들어진 담즙은 수담관을 통해 십이지장으로 보내지는데, 수담

관 중심의 갈라진 곳에 이 주머니가 달려 있다. 즉 담즙은 십이지장으로 나가 활동하기 전에 일단 담낭에 대기하는 셈이다.

간장에서 만들어지는 담즙의 양은 하루 보통 어른이 500~1000ml에 달하는데 하루 종일 끝없이 분비된다.

담낭조영제를 주사하여 엑스레이로 촬영해 보면 담낭 속의 담즙이 배출되는 시기는 섭취한 지방이나 단백질이 위를 지나 십이지장 속으로 진입할 때란 것을 알게 된다. 특히 담낭은 기름진 음식을 먹으면 곧 수축을 시작하여, 고인 진한 담즙을 남김없이 짜낼 때까지 2~3시간 동안 수축을 계속한다. 이런 담낭의 역할을 기업에 비유하면 계절에 관계없이 묵묵히 만들어 놓은 제품을 좋은 기회가 올 때까지 진득하게 저장해 두는 농축공장과 창고에 해당된다고 할 수 있다.

담낭이 수축하는 시간에 대한 정보는 매우 빠르게 소장(小腸)에서 뇌로 전달된다. 이때 뇌는 자율신경을 통해 수축하라고 담에게 지시를 내리는데 이에 따라 담도의 문이 열리고 담즙을 흘려보내게 된다. 따라서 담낭의 실질적인 기능은 수축과 개폐 시간에 따른 공급으로 생각되어지며 이를 적절하게 조절할 때만이 건강을 유지할 수 있게 된다.

담의 역할과 담즙의 양은 노화와 관련이 깊다. 또한 나이가 들면 담력이 약해진다.

이 경우 담력의 의미는 양면성을 갖는데 신체적인 면은 소화기능을, 정신적인 면은 판단력과 결단력에 해당된다. 재미있는 것은 이 양자가 함께 진행한다는 것인데 자세히 관찰하면 공통점이 있다.

　나이가 들면 이상하게도 소화력이 감소한다. 물론 담즙을 비롯한 소화액을 만드는 능력이 떨어지기도 하지만 소화액을 저장하는 담낭의 조절능력이 감소하면 비록 간에서 충분한 소화액이 분비되더라도 결과는 마찬가지이다. 오히려 담낭에 염증이 생기거나 결석이 생기면 통증은 물론 전신대사에 영향을 미쳐 평소 가지고 있던 질병을 악화시키기도 한다.

　담력의 경우도 나이가 들면 저하된다. 점점 소심해지고 일에 대한 자신감이 결여되고 두려움과 걱정이 앞선다. 깜짝깜짝 잘 놀라고 괜히 마음이 두근거리며 명치끝이 답답하게 된다. 특히 40대가 되면 남녀 모두 갱년기에 접어들게 되어 이런 증상이 심해진다. 이런 경우 이상하리만큼 소화력이 떨어지고 음식 맛이 없어지게 되는데, 일에 있어서도 매사 의욕이 없어지고 능률도 오르지 않는 것은 주변 상황에 적응하여 판단하는 담력이 저하되었기 때문이다.

　담력을 유지하는 효과적인 방법은 담의 성격을 표현한 중정지관 결단출언(中正之官 決斷出焉)의 뜻을 정확히 이해하여야 한다. 어느 한쪽으로 치우치지 않고 상황에 따라 자신의 역할을 과감히 수행한다는 뜻으로 이런 능력을 몸에서 발휘하는 것이 담의 역할인데, 흔히 담낭염이나 담석증은 중정(中正)의 도를 잃어서 나타난 병으로 일단 병이 생기면 치료가 잘 되지 않을 뿐 아니라 담력도 함께 약해진다.

　두 눈을 감고 한쪽 발을 들고 서 있는 시간을 측정하면 담의 평형

능력을 알 수 있는데 40대 이후의 성인이라면 50초 이상이 되어야
정상 범위에 든다.

마음이 젊어야 늙지 않는다

　중년 이후의 남성이 좋아하는 말 중 '회춘(回春)'이란 말이 있다. 자신의 성적 능력의 회복을 봄을 다시 맞는 느낌에 빗댄 말이다. 하지만 회춘이란 말에는 이보다 더 심오한 뜻이 담겨져 있다.

　추운 겨울을 무사히 보낸 동·식물이 맞는 봄은 생명 에너지의 도출을 의미하고 있고, 질병으로부터 다시 건강을 되찾은 것을 회춘이라고 말할 수 있다. 봄은 우리에게 한 해의 희망과 각오를 새롭게 만들지만 겨울에 충분한 준비(양생)를 하지 못했다면 다시 봄을 맞이하기 힘들다. 특히 체력이 급격히 저하되는 어르신의 경우 늦겨울에서 초봄에 일을 많이 당하시는 것을 보면 의미하는 바가 크다.

　봄의 한자 표기인 춘(春)은 석 삼(三), 사람 인(人), 날 일(日)로 되어 있다. 굳이 해석하면 사람이 햇볕을 받으며 일하는 모습을 나타내고 있다. 생리적으로 보면 겨우내 저장된 에너지를 사용하기 시작하는 시기가 된다. 이를 위해선 인체 장기 중 간장과 심장이 바빠지기 시작한다. 에너지를 사용하려면 간장의 역할이 필요한데 이에 못지않게 중요한 것이 기혈(氣血)을 순환시켜 주는 심장의 역할이다.

심장은 누구나 알고 있듯이 피를 순환시켜 전신에 영양분과 대사에 필요한 각종 물질을 전달한다. 그래서 한시도 쉬질 못한다. 위치도 신체 중앙에 있는데 그만큼 역할이 중요하기 때문이다. 심장을 한의학에서는 심(心)이라고 통칭한다. 물론 앞서 설명한 생리적인 역할을 담당하지만 의식을 관장하는 정신도 포함된다. 그래서 심(心)은 물질적인 심장과 정신적인 신(神)을 함께 의미한다.

심(心)의 순수 우리말은 마음인데 마음이 노화되면 어떤 현상이 올까?

불행하게도 현대의학에서는 심장질환과 정신질환을 구분하여 생각하고 있다. 하지만 정신적인 감정의 변화에 의해 순환에 장애가 발생하고, 심장 박동에 변화를 주는 것을 보면 정신과 심장은 깊게 관련되어 있음을 알 수 있다. 마음의 노화 역시 병이라면 병인데 신체적으로는 병신(病身)을, 그리고 정신적으로는 병심(病心)을 만드는 유인이 된다.

우리는 흔히 화를 내게 만들거나, 경우에 맞지 않는 행동을 하는 상대에게 '병신 같은 놈'이란 말을 자주 사용한다. 그러나 우리를 아프게 만들고 슬프게 하는 것은 병신이 아니라 병심이다. 단지 신체적으로 불편한 병신은 앓고 있는 본인만 불편하지 상대방에게는 큰 피해를 주지 않지만, 마음이 병든 병심은 타인에게 큰 고통과 피해를 주기 때문이다. 최근 일어나는 각종 인재(人災)와 사회적 병폐(病弊)도 다 마음이 병들어 나타나는 현상이며 그 파장은 장애인의 그것과는 비교가 되질 않는다.

마음이 젊어야 늙지 않는다. 이 말은 늘 자연의 순리에 합당한 마음을 지녀야 병들지 않음을 의미하고 있다. 인위적으로 연령에 비해 젊어 보이는 방법은 비록 젊은 몸을 지녔다 하여도 왠지 부자연스럽고 오래가지 않지만 마음이 젊고 편안하면 몸이 다소 늙어 보여도 은은하고 자연스런 멋을 오래도록 지니게 된다.

마음을 젊게 하고 노화를 지연시키는 방법이 있을까! 이런 질문을 독자들에게 하면 우선 비용이 드는 의료기관을 생각한다. 그러나 오히려 돈이 전혀 필요 없는 방법으로 마음을 젊게 할 수 있다. 마치 돈을 주지 않고 마시는 공기나 햇볕처럼 누구나 쉽게 자기의 의지로 가능하다. 또 병든 마음을 다스리는 방법 중 종교에서 시행하고 있는 경(經)을 암송하는 것도 효과가 있다. 경(經)의 교훈적인 내용은 물론 반복적인 암송을 통해 마음의 평화를 얻을 수 있기 때문이다.

실제로 일정한 파장의 소리나 음악은 마음을 편안하게 하고 스트레스와 우울증을 치료하는 데 효과가 있음이 밝혀졌다. 그리고 일정량의 자연 채광이 자율신경 조절에 도움을 주고 있음이 증명되었다.

둘 다 마음을 젊게 하고 노화를 지연시키는 환경 인자가 된다.

가벼운 운동을 좋아하는 사람인 경우 손을 이용한 방법도 좋은데 양손을 비비고 그 열로 가슴 부위를 자주 마찰시키면 심장의 기능에 도움을 준다. 이 방법은 중국 수나라 때 소원방(巢元方)이 쓴 『제병원후론』(諸病源候論: 모든 병의 원인에 따른 증상 이론)에 소개되어 있는데 목욕과 비슷해 건욕(乾浴)이라고 한다. 심리적인 효과와 함께 쉽게 기혈 순환을 촉진하는 방법이다.

웃는 것도 마음을 편하게 만드는 방법인데 가식(假飾)이 배제된 통쾌한 웃음이 최고다. 웃고 나면 그 즉시 상쾌함을 느낄 수 있는데 하루 한 번 이처럼 웃을 수 있다면 마음이 병들고 늙는 것을 늦출 수 있다. 속담에 '웃으면 복이 온다'란 말이 있다. 이 말처럼 편안하고 여유 있게 만드는 것이 웃음이다. 웃음은 통상 기쁠 때 생기는 생리 현상인데 한의학에서는 심(心)과 밀접한 관계가 있다. 병신(病身)보다 병심(病心)에 좀 더 관심을 두어야 하는 이유가 여기에 있다.

생각이 많으면 비위(脾胃)가 상한다

조선조의 임금들을 보면 장수한 임금이 생각보다 적다. 일반 평민보다 좋은 음식은 물론 장수에 좋다고 알려진 약들을 먹었을 텐데 말이다. 좋은 것도 지나치면 오히려 해가 되는 것은 예나 지금이나 마찬가지인 모양이다.

좋은 음식과 건강에 좋은 약들은 모두 위(胃)에서 분해된다. 그리고 몸에 해가 되는 물질 또한 위를 거치게 된다. 때문에 위에서 소화되는 음식물의 선택은 중요하다. 과장된 표현으로 몸 주인의 생각에 따라 위의 수명이 달려 있다고 할 수 있다.

한의학에서는 위를 비(脾)와 함께 생각하고 있다. 비위는 부부 관계로 설명되는데 역할을 구분하면 위(胃)는 음식을 주로 분해하는 남자의 일을, 비(脾)는 분해에 필요한 소화효소를 공급하는 여자의 일을 하고 있다.

비(脾)와 위(胃)의 글자를 보면 천할 비(卑)와 밭 전(田)의 의미가 포함된 장기임을 알게 된다. 둘 다 오장육부(五臟六腑) 중 눈에 띄진 않지만 그 역할은 매우 중요하다. 사촌 격인 췌장(膵臟)도 군사들을 뜻하는 졸(卒)이 있어 그만큼 음식과 관련된 장기들은 고달프고 천(賤)한 신분을 뜻하지만 묵묵히 자신의 역할을 수행하고 있음을 알 수 있다.

음식을 적당히 주기적으로 공급하면 비위는 편안하다. 그래서 일정량(특히 소량)을 일정 시간에 꾸준히 섭취하는 방법이 장수의 기본이 된다. 만일 수시로 굶거나 갑자기 많이 먹게 되면 음식을 처리하는 장기들은 고달프고 피곤해진다. 한마디로 비위가 상한다고 할 수 있다.

비위가 상하면 어떤 증상이 올까…….

음식 생각이 없고 먹던 음식도 소화가 잘 안되며 토하기도 한다. 남자보다 여자의 경우가 더 심한데 가슴이 답답한 증상도 함께 나타난다. 심하면 머리가 아프거나 어지럽기도 해 간혹 뇌혈관 질환과 혼동되는 경우가 있다. 그런데 비위가 상하면 꼭 이런 증상만 나타나는 것은 아니다.

손발이 차지거나 힘이 빠지고 정신 집중이 잘 되지 않는 경우도 흔히 나타난다. 체증(滯症)과 비슷해 소화제와 같은 간단한 약들을 쓰기도 하지만 증상이 잘 개선되지 않는 것이 특징이다. 이쯤 되면 신경성 위염과 비슷한 증상이라 할 수 있다.

신경성 위염은 말 그대로 신경적인 요인에 의해 위염의 증상을 보이는 질병이다. 과거 단순했던 사회에서는 흔치 않았던 병으로 20세기 후반에 들어 보편화되기 시작하였다. 신경성이란 말을 쉽게들 하지만 치료는 생각보다 쉽지 않다. 치료 결과가 의사보다는 환자에 더 달려 있기 때문이다.

해부학적으로 이상이 없으면서 특정 장기(臟器)가 고장 난 것과 같은 증상을 나타내는 신경성질환은 병의 주체가 정신(마음)에 있음을 단적으로 드러내는 예가 된다. 때문에 신경성질환은 환자의 마음을 염두에 두어야 한다.

생각이 많으면 비위를 상하게 한다.

물론 좋은 생각, 나쁜 생각 차이는 있지만 한의학에서는 주원인으로 사려과다(思慮過多)를 꼽는다. 그 바탕에는 근심과 걱정이 포함되어 있고 해결이 쉽지 않아 계속적인 고민을 하게 된다. 생각으로 머리가 복잡해지면 음식 생각이 없어지고 배고픈 것을 모르기 때문에 자율신경의 지배를 받고 있는 비위도 활동을 하지 않는다. 만일 이때 평소처럼 무심코 식사를 하게 되면 비위가 부담을 갖게 되어 위염이나 위장장애를 일으키게 된다.

신경성 위염이든 비위병(脾胃病)이든 정신적인 요인에 영향을 받는다. 따라서 성취감과 결과가 있는 정신 작업은 긴장감의 해소와 함께 정상적인 비위 활동을 가능하게 만들지만, 고뇌와 갈등으로 누적된 정신 피로는 비위를 상하게 만든다. 비위의 손상이 반복되면 궤양이나 암과 같은 고질병을 만들게 되기 때문에 정신적 이완은 비위를 보호하는 데 꼭 필요하다.

예로부터 우리 조상들은 좋은 공기와 시원한 시야를 주는 산을 좋아했다. 산은 우리에게 여유와 자기 자신을 되돌아보게 하는 좋은 장소가 된다. 등산할 때의 땀은 체내의 노폐물과 정신적 스트레스를 발산시키고 좋은 공기와 정상 정복의 기쁨은 자신감과 새로운 기운을 충전시킨다. 손상된 비위를 회복하는 데 가장 빠른 방법이 된다.

등산을 하기 어려운 경우 손과 발을 움직이는 체조를 하면 비위의 기능을 도울 수 있다. 이는 비주사말(脾主四末)로 사지 말단을 비위가 주관한다는 뜻이다. 역으로 해석하면 손발의 움직임이 충분하면 비위가 건강해진다는 말로 생각할 수 있다. 이따금 화를 크게 내는 방법도 도움을 주는데 목극토(木剋土)의 상극원리에 따라 울체된 비위의 기능을 회복시켜주기 때문이다.

숨도 잘 쉬어야 장수한다

숨을 쉬지 않으면 모든 생명체는 죽게 된다. 생명체의 특징 중 호흡의 기능을 상실하므로 죽게 되는 것이다. 숨 쉬는 것은 누가 가르쳐주거나 배워서 알게 되는 것이 아닌데 이는 태어나면 시작하고 죽으면 소실되는 자연의 섭리 중 하나이기 때문이다.

숨 쉬는 데 요령이 필요할까…….

숨 쉬는 방법보다 호흡 생리를 중요시하여 폐의 기능을 강조하고 있는 것이 현대의학이라면, 질병을 예방하고 관리하는 데 도움을 줄 수 있는 호흡 방법이 있다고 생각하는 것이 동양의학의 생각이다.

호흡은 단지 산소를 흡입하고 이산화탄소를 배출하는 작용에 국한되지 않는다. 심장의 순환과 밀접하게 관련되어 있고 기(氣)의 순환을 도와주는 중요한 역할을 하고 있다. 호흡하려면 폐의 도움 없이는 불가능하다. 폐는 일정한 압력을 만들고 그 차이로 공기를 흡입하여 필요한 물질을 얻고 반대로 해(害)가 되는 내용물을 배출하기 때문이다.

우리 몸에 이상이 나타나면 숨쉬기가 곤란한 경우가 많다. 예를 들어 고열(高熱)이 있거나 힘든 일을 하면 숨이 가빠짐을 경험하게 되는데 만일 일정 시간 후 정상으로 되돌아오지 않으면 질병을 의심할 수 있고 의사의 진찰을 받는 계기가 된다.

일반적으로 알려진 호흡 방법으로 복식호흡과 흉식호흡이 있다. 복식호흡은 배가 충분히 나올 정도로 크게 심호흡하는 방법이고 흉식의 경우는 가슴으로 숨을 쉬는 방법이다. 한때 복식호흡이 오래 사는 방법이라고 잘못 알려진 때가 있었는데 흉식호흡을 주로 하는 여자가 남자보다 오래 산다는 점을 감안하면 타당성이 없는 듯하다. 능률적인 호흡은 폐활량과 직접적인 관계가 있는 잔기(殘氣)량이 중요하기 때문이다.

잔기량은 폐의 총량에서 폐활량을 뺀 것으로 교환이 안 되는 폐의 공기량이다. 때문에 잔기량이 많아지면 정상적인 순환을 위해 폐가 더 많이 활동을 하여야 한다. 호흡이 빨라지고 이에 따른 에너지 소비가 많아지게 된다. 폐의 노화를 알아보는 방법으로 폐의 잔기량을 측정하게 되는데 나이가 들면 확실히 잔기량이 늘어난다.

숨을 잘 쉬게 되면 신체의 노화를 지연시킬 수 있다. 이런 목적으로 많은 양생가(養生家)들은 호흡의 중요성을 강조하여 왔는데 육자결

(六字訣)을 주장한 도홍경의 이론은 참고할 만하다.

육자결은 호육흡일(呼六吸一)로 숨을 내쉬는 방법은 여섯이고 들이쉬는 방법은 한 가지밖에 없다는 이론이다. 『장자(莊子)』의 「각의편(刻意編)」에 나오는 '취구호흡 토고납신 웅경조신'(吹呴呼吸 吐故納新 熊經鳥伸: 호흡의 방법을 통해 몸속의 노폐물을 밖으로 내보내 새로운 공기를 받아들이고, 몸은 곰이 나무를 꽉 안고 있는 자세에서 다리는 새처럼 무릎을 쭉 편 상태를 유지함)의 이론을 계승하고 있다. 숨을 내쉬는 방법을 오장(五臟)과 삼초(三焦)에 연관시켜 소개한 것이 독특하다.

평소 간(肝) 기능이 약하거나 질환이 있는 경우 휴~ 하고 숨을 내쉰다. 심장(心臟)의 경우에는 허~, 비장(脾臟)은 후~, 폐장(肺臟)은 희~, 신장(腎臟)은 취~, 삼초(三焦)는 히~의 입 모양을 만들어 숨을 내쉬거나 소리를 내면 해당 장기의 기능을 도와주어 건강을 회복시킬 수 있다는 이론이다.

여기서 독자가 궁금해 할 것은 삼초(三焦)인데 초(焦)의 의미처럼 태워 에너지의 효율을 높여주는 역할을 담당하고 있다. 굳이 인체 장기와 관련짓는다면 내분비계로 해석할 수 있다.

동양의학에서 추구하는 기본적인 호흡 방법은 세(細), 장(長), 심(深), 균(均)인데 참고하면 노화 지연에 도움이 된다. 세(細)는 가늘고 조용하게 하는 방법으로 숨소리가 귓가에 들리지 않아야 하며, 장(長)은 사람의 능력에 따라 될 수 있는 대로 길게 하는 것이 좋은데 몇십, 몇백 번을 반복하여도 일정한 길이가 유지되어야 한다. 심(深)은 들숨 때 하복부를 팽창시켜 횡경막을 내려 폐의 아랫부분까지 가득히 공기를 들이마시는 방법이며, 균(均)은 들숨과 날숨을 일정하게 유지하는 방법이다.

세, 장, 심, 균의 호흡 방법은 정신 집중이 요구되고 때문에 인위적인 조절이 가능한 방법이다. 지금 한창 인기를 끄는 유산소 운동이 단지 호흡 생리에 바탕을 둔 것이라면 앞서 소개한 육자결이나 세, 장, 심, 균의 호흡 방법은 마음과 몸이 하나 되는 뇌 호흡에 해당된다고 하겠다. 정신적인 긴장과 스트레스에 싸여 있는 현대인들이 참고하면 도움을 받을 수 있는 좋은 건강법에 해당된다.

정력은 장수와 관련 없다

　　중국 당나라의 명의(名醫) 손사막은 그가 지은 『천금방(千金方)』에서 남자들의 관심을 끌 만한 내용을 소개하고 있다. 일종의 신색훈(愼色訓)으로 연령에 따른 사정(射精)의 횟수를 제시하고 있는데 20세는 4일, 30세는 8일, 40세는 16일, 50세는 20일 주기로 한 번 하고, 60세에는 정(精)을 닫고 빼서는 안 된다고 하였다. 하지만 체력이 왕성한 경우에는 연령과 관계없이 하루에 한 번도 무방하다고 하였다.

　　이 내용을 보면 독자들은 몇 가지 궁금증을 느낄 것이다. 성행위 횟수와 사정 횟수가 같은지, 연령에 비해 횟수가 적다면 정력(精力)이 낮은 것인지, 또는 횟수가 잦으면 건강에 나쁜지, 그리고 체력이 왕성하다는 기준은 무엇인지 등을 자신의 몸에 견주어 생각해 보게 된다.

　　손사막이 제시한 신색훈은 「양생편(養生編)」에서 소개되고 있다. 양생이란 조물주가 정해준 수명을 질병 없이 영위하기 위해 인간이 할 수 있는 건강법 등을 총칭할 때 사용되는 말로 효능에 대해서는 이미 천수(天壽)를 바라던 선조들에 의해 검증되어 왔다. 특히 손사막이 정한 연령별 사정 횟수는 그 연령대에 맞는 최소한의 횟수로 정(精)의 중요성을 강조하고 있다.

흔히 정력이 세면 건강한 것으로 알고 있다.

사실 정력이 세면 장수할 확률이 높다. 하지만 남자들 세계에서 통용되는 정력의 의미는 장수와는 관계없다. 정력에 좋다는 음식이나 귀한 약재들을 원 없이 먹었던 왕들의 수명을 생각해 보면 수긍이 가는 대목이다.

확실히 설정(泄精)을 많이 하면 노화의 속도가 빨라진다. 특히 생식 기계통의 장기가 빨리 노화된다. 최근 수명의 연장과 더불어 남성들의 전립선 비대(肥大)나 종양(腫瘍)이 늘어나는 것도 이런 까닭에 기인한다.

정력의 의미는 성행위의 능력만을 말하는 것은 아니다. 정(精)은 음식으로부터 만들어지기 때문에 음식을 소화하고 흡수하는 간비(肝脾)의 기능을 무시할 수 없다. 또한 섭취된 영양분을 필요한 곳에 보내주는 심폐(心肺)의 기능이 좋아야 한다. 물론 정액을 보관하고 관리하는 신(腎)이 기본적으로 튼튼하여야 함은 말할 것도 없다. 결국 오장(五臟)의 조화 없이는 좋은 정력을 유지할 수 없다.

앞서 독자들의 관심을 끄는 성행위의 횟수와 사정의 횟수는 물론 다르다. 성행위 시 사정을 참는 것이 건강에 좋은지 나쁜지 의견이 분분하지만 많은 양생 서적에서는 사정을 되도록 금하는 것이 장수에 도움이 된다고 설명하고 있다. 참을 수만 있다면 연령과 관계없이 성행위가 가능하다는 말도 된다.

성행위 또는 사정의 횟수를 의식할 필요는 없다. 남, 또는 정해진 기준과 비교하여 못 미친다고 실망할 필요도 없고 넘친다고 자랑할 필요도 없다. 자신의 체질과 환경에 따라 성욕과 성행위는 결정되기 때문에 오히려 정해 놓고 하는 것은 자연스럽지 못한 결과를 초래할 수 있다. 몇 가지 원칙만 기억한다면 건강한 성(性)을 영위할 수 있다.

첫째, 무한정 금욕하는 것은 정신적, 육체적 스트레스를 만들기 때문에 이로 인한 제반 증상을 야기할 수 있어 체력에 맞는 성생활을 유지하는 것이 필요하다.

둘째, 횟수는 성교 후 그 다음날 체력 변화에 따라 정해야 한다. 만일 피곤하여 근무나 일에 지장을 준다면 이는 분명히 자신의 체력 한계를 넘고 있음을 암시하고 있는 것이다. 줄여야 한다.

셋째, 성교의 연령인데 많은 문헌들은 20세 이후의 성행위를 권하고 있다. 심신이 충분하게 성숙되지 않는 시기의 성행위는 자신과 사회 모두에게 나쁜 영향을 주기 때문이다. 사회적인 관심도 필요한 대목이다.

정력은 사람이 살아가는 데 반드시 필요한 물질이며 힘이다. 그리고 그 힘은 자연에서부터 나온다. 또한 자연은 동등하게 모든 생명체에게 자신들의 천수를 누릴 수 있는 방법을 제공하고 있다. 대부분의 생명체는 이를 수용하여 충분히 자신의 삶을 영위하지만 인간들은 두뇌와 이성의 발달로 자연의 힘을 무시하고 망각하고 있다.

퇴계 선생의 평생 건강 참고서가 된 『활인심방』에서는 색욕(色慾)에 대한 경고로 "얼음 잔에 끓는 물을 붓는 것과 같고, 깃털이나 마른 쑥에 불을 지르는 것과 같다"라고 하여 반드시 삼가도록 강조한다. 퇴계 선생께서 그 당시(16세기) 70세까지 생존한 것을 보면 참고할 만한 내용이라 하겠다.

원시(遠視)의 참뜻

어르신 질환 중에 원시(遠視)가 있다. 먼 곳은 잘 보이는데 가까운 곳이 보이지 않는 질환이다. 40대 이전에는 거의 볼 수 없는 증상으로 성인이 되어 어느 정도 세상 물정을 알게 되면 나타나는 현상이다.

원시의 특징은 먼 곳이 잘 보이고 가까운 곳이 잘 보이지 않는 것이다. 의학적으로 보면 사진기의 렌즈 역할을 하는 조리개가 신축성을 잃어 생기는 것으로 알려져 있는데 치료는 돋보기를 사용해 가까운 물체나 글씨에 초점을 맞추는 방법이 있지만 사용해 보면 답답함을 알게 된다.

반면 아이들은 근시(近視)가 많은데 그 까닭은 가까운 것에 집착하기 때문이다. 그래서 유아기 때는 장난감에, 사춘기를 겪는 청소년기에는 자신의 몸에 관심을 둔다. 점차 성장하면 주위를 돌아보게 되어나 아닌 타인이나 조직에 관심을 갖게 된다. 관리자 입장이 되면 전체를 생각하게 되고 향후 일에 더 관심을 갖게 된다. 멀리 보며 예측하는 능력이 생기는 것이다.

2004년 12월 26일 발생한 인도네시아의 지진해일은 분명 천재(天災)이지만 한편으로는 근시안적인 생각에 의한 인재(人災)로 여겨진다. 만물의 영장이라 뽐내던 인간들이 자연의 위력 앞에 속수무책으로 변을 당한 것이다. 만일 자연 현상을 이해하고 이를 잘 관찰했다면 피해를 줄일 수도 있었다.

미국 캘리포니아 공과대학의 케리 시(kerry Sieh) 교수는 2004년 7월 인도네시아 정부 당국자들에게 초대형 지진해일이 발생할 가능성을 알리고, 섬 지역에 경고문 오천여 장과 대피 요령 책자를 만들어 나눠주었고, 지역 주민들에게 해안지역에서 멀리 떨어진 곳으로 이사할 것을 권고하였다.

이미 10년 전부터 인도네시아 서부 화산섬에 지진해일 관측소를 설치한 케리 시 교수는 그동안의 기록을 바탕으로 이번 남아시아 대지진해일을 정확히 예측했는데 원시안적인 생각이었고, 반면 예산이 없다는 핑계로 교수의 제안을 묵살한 인도네시아 정부는 근시안적인 생각으로 더 큰 재난을 경험하는 우(愚)를 범하고 말았다.

눈은 가까운 곳이든 먼 곳이든 잘 보는 것이 가장 큰 역할이라 할 수 있다. 어려서 먼 곳을 잘 보지 못하게 되는 근시(近視)나 나이 들어 가까운 곳을 잘 못 보게 되는 원시(遠視) 모두 눈의 이상이라 할 수 있지만 멀리 보고 앞날을 예측하는 그래서 다가올 재해나 문제를 잘 해결하는 것이 원시의 참뜻이라 하겠다.

당당한 노년

인생을 올바르게 살든 그렇지 않든 노년기까지 이르렀다면 의학적 측면으로 볼 때 성공적인 삶이라 하겠다. 생, 장, 그리고 많은 병들을 나름대로 견디어내고 인생의 종착역인 황혼까지 왔다는 점은 자연의 순리를 따르고 있어 아름답기까지 하다.

얼마 전 우리나라 굴지의 재벌 총수가 자살한 사건이 있었다. 자살의 이유야 많았겠지만 크게 생각하면 자연의 섭리에 역행한 행동에 해당된다. 자살이 가장 인간답지 못한 행위라고 하는 이들도 있는데, 이들의 말이 설득력을 갖는 것은 자살이 만물의 영장인 인간의 격에 맞지 않는 치졸한 행위이기 때문이다.

필자의 기억으로는 자살한 재벌 총수의 아버지에 대한 모습도 글로 썼던 것으로 생각된다. 소 떼를 몰고 북한을 방문한 모습에서 건강하고 당당한 노인의 모습을 느꼈고 이를 본받아 황혼을 힘차고 당당하게 살아야 한다고 역설했던 기억이 난다. 하지만 그 아들의 행동에 실망을 금치 못했다.

확실히 사람은 타고난 그릇과 기운이 다른 것 같다. 늙었지만 당당했던 아버지의 모습과 나약하고 초라한 아들의 모습은 너무나 판이했기 때문이다.

나이가 들면 건강이 나빠지고 판단력이 흐려진다. 어르신들은 인정하고 싶어 하지 않지만 피할 수 없는 사실이다. 결국 나이가 들어 노화되어 가는 신체를 긍정하고 이를 참고해 생활하는 것이 건전한 노후를 보내는 핵심이 되는데 이를 가능케 하는 요인 중 하나가 당당함이다. 물론 쓸데없이 고집을 피우거나 우기는 행위는 당당함과는 거리가 멀다. 오히려 과거에 쌓아 놓은 어르신의 권위를 스스로 무너뜨리는 일이다. 몇 마디 안 해도 그 말에 위엄과 합리성이 있어야 한다.

무에서 유를 창조한 주역이 우리 어르신들이다. 그래서 부모를 존경하고 아끼려는 마음들을 우리 사회는 갖고 있다. 하지만 그 마음을 수동적으로 기다리거나 포기하는 자세는 바람직하지 않다. 무에서 유를 창조한 것처럼 국가나 사회에서도 어르신들이 갖고 있는 생각들을 표출해야 한다. 아주 일상적인 것부터 국가와 민족을 위한 생각들을 당당하게 주장해야 한다.

10월이 되면 노인의 날로 많은 행사들이 열릴 것이다. 하지만 소극적이고 수동적인 자세는 과감히 떨쳐 버려야 한다. 오히려 노인들의 생각을 정확히 표현하여야 한다. 아주 당당하고 떳떳하게…….

한의학의 이해

한의학의 출발은 동양철학의 기본 틀에 의해 체계화되었다. 따라서 한의학의 올바른 이해는 동양철학에 대한 공감(共感)으로 시작된다. 동양철학은 자연을 전체적인 큰 틀에서 생각하고 있고 일정한 진행 방향을 인정하는 특징이 있어 역사성과 무관하지 않다.

우주의 탄생이나 생명체의 탄생이 무극(無極)에서 시작하고 변화를 위해 태극(太極)으로 변해 음양(陰陽)으로 분리되는 과정은 지금의 과학으로도 설명이 가능하게 되었다. 음양이란 변화의 기본 틀로, 한의학에서도 그대로 적용된다. 남녀(男女), 배복(背腹), 수족(手足), 장부(臟腑) 등이 음양으로 나눠지지만 실제로 정확한 구분은 불가능하다.

오행(五行)은 자연계를 변화시키는 다섯 가지의 원칙인데 목화토금수(木火土金水)가 해당된다. 음양과 오행이 합쳐 일주일을 형성하고 있고 우리 생활 속에 자리 잡고 있다. 오행의 가장 큰 특징은 상생(相生)과 상극(相剋)의 법칙을 통해 서로 돕고 견제하는 규칙을 만들었는데 이 규칙이 지구의 안정과 생명의 균형을 유지하는 중요한 수단이 된다. 오행은 각기 생(生), 장(長), 화(化), 수(收), 장(藏)의 운행 방법을 갖고 있는데 그 발현이 계절로 나타난다. 계절뿐 아니라 인생을 연령으로 구분해서 생각하면 수긍이 가는 대목이다.

천인지(天人地)는 하늘, 사람, 땅을 뜻하는 말이지만 그 내면에는 하늘의 정신과 땅의 물질 개념을 통한 생명체의 출현을 함축한 말로 인체 내에도 똑같이 적용된다. 천(天)의 개념인 정신(神)과 지(地)의 개념인 육체(精)가 있고 자연 속의 인간 활동처럼 다양한 많은 역할을 하는 기(氣)가 존재하는데 기는 정신과 육체를 이어주고 각각의 생명체의 특징을 발휘하며 생명력을 유지하는 중요한 요소가 된다. 결국 정기신(精氣神)을 충분히 숙지하지 않고서는 한의학을 이해하기 어렵게 된다.

정, 기, 신을 옛날 사람들은 삼보(三寶)라 하였다. 즉 정이란 후천적으로 음식에서 생성된 물질로 인체 활동의 물질적인 기초가 된다. 또 기는 음식의 정기와 흡수된 대기(大氣)가 합하여 생긴 운동력으로 살아 있는 모든 생명체의 생리작용을 주관한다. 또한 신이란 인체의 정상적인 생리현상을 총괄하는 개념이다. 앞서도 언급하였지만 정, 기, 신은 서로 밀접한 관계를 유지한다. 그것은 자연에서의 천지인(天地人)과 같은 개념이고 위치적으로 상중하(上中下)의 개념과 일치하는 것이다. 그래서 인체의 윗부분에는 정신이 깃들고(머리가 위에 있음), 가운데에는 숨을 쉬어 대기를 들이 마시므로 기(氣)가 활동하며, 아랫부분에는 인체를 유지할 수 있는 정(精)을 저장하고 있는 것이다.

생명체에 영향을 주는 외부의 기(氣)로 육기(六氣)가 있다. 육기는 풍한서습조화(風寒暑濕燥火)로 생명체의 생명현상을 돕는다. 하지만 과하거나 불급하면 육음(六淫)으로 변해 오히려 생명체를 병들게 한

다. 인체 내의 기(氣)이든 외부의 기이든 기는 일정한 행로가 있다. 하늘이나 바다를 운행하는 비행기나 배도 일정한 항로로 운행하고 있고 인체 내에도 경락(經絡)이 존재해 기의 통로가 되고 있다. 흔히 침(鍼)을 놓는 부위를 경혈(經穴)이라고 하는데 기의 정거장에 해당된다.

질병의 원인은 무수히 많지만 기본적으로 기혈의 부족이나 흐름 장애가 선행되는 경우가 가장 많다. 그 치료도 침, 뜸, 약, 음식, 도인(導引) 등 다양하지만 모두 기혈의 흐름을 조절하거나 기혈을 보충하는 방법이다. 병증에 따라 치료 방법은 다르지만 기를 조절한다는 의미에서는 도인(導引)이, 기혈을 보충하는 데는 음식이 최상이며 침, 뜸, 약은 차선이다.

한의학은 개체의 특징이나 적응력을 고려해 체질을 인정하며 생활 환경을 중요시한다. 자연에의 순응이 바른 길이며 자연의 원리를 정확하게 파악하여 활용하는 것이 인류 문명을 보장받는 길이다.

고령화 사회의 기수 한의학

한의학의 가장 큰 장점은 자연의 법칙과 함께 한다는 것이다. 자연의 법칙 중에는 인간으로서 반드시 지켜야 할 기본 윤리가 있는데 전통적으로 내려온 사상 중 충효(忠孝)를 들 수 있다. 충효사상은 단순히 도덕적인 내용이 아니라 한 국가나 가족을 건전하고 건강하게 성장시킬 수 있는 영양제로, 현재와 같이 복잡하고 원칙이 흔들리는 사회에서는 반드시 채택해야 할 사회 윤리라 하겠다. 특히 노인의 건강 문제와 관계가 깊어 노인층의 정신적 안정과 여유를 갖게 할 수 있는 좋은 처방이 된다.

동양의 윤리관과 철학적 사고에 기반을 두고 있는 한의학으로서는 기존의 치료방법과 함께 충효사상의 치료원리를 가르치고 홍보할 책임과 의무가 있다고 생각된다. 늘어만 가는 노인층과 이들이 호소하는 가장 큰 불만은 그들이 몸담아 왔던 사회나 가족에게 존경과 대우를 받지 못하고 있다는 점이다. 이러한 정신적 고충은 단순히 육체적인 고통만을 생각했던 의료인의 자세를 다시금 돌아보게 한다. 한의학 문헌에 언급되어 있는 수많은 자료들은 이러한 충효사상과 함께 노인층의 정신건강을 지켜줄 수 있고 나아가 국가와 사회의 장래에 희망을 줄 수 있을 것이다.

노인층의 건강을 위한 한의학의 역할은 의학적인 면에만 국한돼서는 안 된다. 이 점은 서양의학도 마찬가지다. 그러나 한의학은 노인의 건강과 질병 관리에 보다 쉽게 접근할 수 있는 학문적 특성이 있다. 이러한 특성은 관련된 주변 학문과 쉽게 협조할 수 있으며 협력을 통해 보다 나은 노인 건강이론을 만들 수 있다. 앞서 언급한 건강 유지 이론과 정신건강에 대한 제시는 관련 학문의 도움을 지적한 것으로 추후 노인의 보건의료정책에 필요할 것으로 생각된다. 또한 노인층의 문제는 단순히 신체적인 노화에 국한되는 것이 아니라 정신적인 노화나 정신건강도 중요하게 다루어야 할 내용이다. 비록 몇몇 질환은 학력이나 사회적 지위, 능력과 관계없이 인간의 정신건강을 저해하고 있지만 대다수의 노인은 신체의 노화와는 달리 정신건강을 유지하고 있다. 이러한 정신적 역량은 개인에 따라 차이가 나고 참여했던 분야도 달라 일률적인 해석은 곤란하다. 더욱이 노인의 정신질환과 이에 대한 관리는 개인의 과거와 환경을 참고하여야 하고 이에 따른 대책도 개인차를 두어야 한다.

신체적 노화에 따른 관리는 물질적인 개념과 유사하여 일률적이고 합리적인 방법이 가능하지만 정신적인 측면은 이보다 훨씬 복잡하다. 따라서 개인의 능력, 수준, 환경 등에 부합되는 총체적 관리가 필요하며 이를 위해 의료의 형태나 의료기관의 수준도 다양하게 설정할 필요가 있다. 특히 의료 시스템이나 시설은 각 연령층에 맞는 적절한 형태로 발전되어야 하지 일률적인 의료체계로는 효과적인 관리가 어렵다.

결국 노인병의 한의학적 접근방법은 서양의학의 치료방법과 달리 개체의 전체성과 자연치유력의 회복능력에 주안점을 두고 이를 효과적으로 수행하여야 하며 이런 한의학적 장점이 고령화시대를 건전하고 건강하게 이끄는 방안이 될 수 있다.

'어르신' 호칭의 의미

21세기에는 많은 변화가 온다고들 한다. 특히 인간의 건강과 수명은 큰 변화가 예상된다. 출생률이 감소하고 수명이 늘어나 사회 전체가 정체되고 효율성이 떨어질 것이라는 예측이 미래학자들의 공통된 의견이다. 이미 구미 선진국의 몇 나라에서는 이러한 문제로 국가의 장래를 걱정하고 이에 대한 대비책을 연구하고 있다. 그리고 그 연구도 현실에 맞는 실용적인 계획을 진행시키고 있다. 그 핵심은 연령에 맞는 건강한 삶의 유지이고 건강한 노년을 통한 사회에서의 역할 찾기라 할 수 있다. 그래서 의학을 중심으로 한 팀 관리체제가 선보이고 있고 그 성과가 나타나고 있다.

1999년은 국제연합(UN: United Nations)에서 정한 세계 노인의 해였다. 그래서 한국사회복지연합회에서도 노령인구의 지위 향상과 권익

증진을 위해 호칭으로 노인 대신 어르신을 선정하였다. 참 괜찮은 결정이었다. 옛날부터 노인의 호칭에 대한 관심은 많았던 것 같다. 동양에서는 이미 『설해문자』에서 70세를 노(老), 80세를 질(耋), 90세를 모(耄)로 구분하여 연령에 따른 의미를 달리 표현하였고, 서양에서도 나이에 따라 다른 명칭이 있었다. 그만큼 사회나 국가에서 어르신에 대한 배려가 있어 왔음을 반증하는 것이라 할 수 있다.

어르신이라는 호칭이 노인을 대신할 가장 좋은 명칭이라고 생각되지는 않는다. 앞서 말한 것처럼 연령에 대한 특징을 나타내지 못하고 있기 때문이다. 하지만 노년층을 공경하고 받드는 따뜻한 마음이 들어 있어 호감이 간다. 더욱이 호칭을 사용하는 일반인의 입장에서도 노년층에 대한 존경과 배려를 자연스럽게 생각하게 만드는 좋은 명칭이라 여겨진다. 그러나 지금 우리 어르신들은 어떠한가!

사실 이제까지 우리는 노인에 대해 관심을 두고 있지 않았다. 얼마 전까지 그럴 필요도 없었다. 그러나 건강에 대한 관심과 평균수명의 증가는 노년층의 증가를 초래하였고 오래 사는 대다수의 노인은 자신의 문제와 사회적인 갈등을 함께 겪게 되었다.

왜 어르신은 건강한 노년이 필요하고 보장되어야 할까!

나이가 들면 몸은 노화되기 시작하고 정신은 더 성숙한다. 그래서 젊을 때와 달리 몸과 마음이 따로 되어 이로 인한 갈등이 나타나기 시작한다. 이런 갈등이 심화되면 심지어 노인도 되지 못하고 사망하기도 한다. 또 어린아이와 관련된 말들에 '애늙은이', '세 살 버릇 여든까지', '할머니 손이 약손' 등 그 사례가 무수히 많다. 쓸쓸히 여생을 보내는 독립된 존재가 아니라 사회에서 필요한, 그리고 역할이 요구되는 계층인 것이다.

방송 중에 <마음은 언제나 청춘>이라는 장수 프로그램이 있다. 신체가 예전 같지 않아도 마음만은 항상 건강하고 젊게 살자는 의미일 것이다. 그러기 위해선 건강한 노년이 되어야 한다. 건강한 노년이 되면 우리 사회에, 자식에게, 그리고 국가에 또 다른 도움을 줄 수 있다. 한낮에 내려 쪼이는 태양이 젊은 시절의 힘이라면 해가 지는 저녁노을의 황혼 모습은 또 다른 운치와 여유가 있는 모습이라 하겠다.

어떻게 보면 어르신이란 호칭은 다른 계층이 노년층에 붙여준 이름이다. 때문에 능동적인 형태는 아니다. 이제 어르신에 맞는 자세가 필요한 시점이다. 노년층 스스로 간직했던 많은 경험과 지식을 사회에 남겨 두는 넉넉함이 필요한 때이다. 몸은 비록 늙었지만 후손과 사회를 보는 마음은 더 각별하기 때문이다.

노인 복지정책과 노인문화

    1997년 말 대학을 그만두고 삼성동에 연구소를 개설한 지 얼마 되지 않은 것으로 기억된다. 인사차 방문한 강남구청으로부터 뜻밖에 재미있는 제안을 받았다. 노인병연구소는 어르신의 건강에 관심이 많을 텐데 강남구의 노인정 몇 곳을 방문해 그곳 노인들의 실태와 운영에 대한 조언을 해달라는 요청이었다.

    이미 대학병원에 재직하고 있는 동안 많은 노인 환자를 접했고 노년층의 건강 관리에 대한 생각도 나름대로 갖고 있었던 터에 서울 강남의 노년층에 대한 관심도 있어 요청에 응하게 되었다. 방문한 곳은 다섯 곳. 부자촌으로 알려진 압구정동을 위시해 장수, 늘 푸른, 대청, 일원 노인정이었다. 사실 방문 전에는 미리 생각한 몇 가지 문제 이외에는 관심이 없었는데 막상 노인정을 살펴보고 실제 어르신들이 생활하는 모습을 보고는 생각이 크게 달라졌다.

노인정은 노인들의 여가를 위한 장소의 의미가 강하다. 그래서인지 실제로 어르신들이 모여 함께 시간을 보내는 장소로 알고 있다. 그러나 노년층이 아닌 다른 세대들은 그 안에서 벌어지는 일에는 관심이 없다. 실제 노인들이 모여 어떤 생활을 하는지 물어보면 대부분 잘모른다. 노인 복지를 담당하는 일선 공무원들조차도 지원 업무나 나라에서 정해준 일 이외에는 관심이 없는 실정이다.

이런 현상은 노인 자신들도 마찬가지다. 노인정을 이용하는 노인 비율은 강남의 경우 20% 수준에 불과해 노인정의 역할이 기대에 못미치고 있다. 조금 나은 장소가 노인 복지관인데 구(區)마다 사정이 다르다. 그나마 노인 복지관을 찾는 어르신의 경우 복지관의 규모나 프로그램에 따라 혜택이 다르기 때문에 노인들의 노후 수준도 차이가 나고 있다.

노인정도 작은 의미의 노인 복지로 생각할 수 있다. 노인 복지는 어르신을 위한 복지제도이며 주체는 정부이고 대부분 물질적인 배려가 중심이 된다. 우리나라의 경우 보건복지부 가정복지심의관 노인 복지과에서 업무를 맡고 있으며 정책 시행도 중앙정부에서 광역자치단체 및 기초자치단체의 일선 행정기관으로 이어지는 전달체계로 되어 있다. 하지만 노인 복지도 사회복지제도의 틀 안에서 이루어지고 있는 형편이라 어르신의 특성에 맞는 정책을 만들어 시행하는 데는 어려움이 따른다.

보건복지부에서 실시하는 노인 복지정책의 기본 목표는 크게 3가지로 대별된다.

첫째는 노후생활 안정이고, 둘째는 노인 건강관리이며, 셋째는 노인의 사회참여 기회 확대와 노인을 공경하는 사회분위기 조성이다.

하지만 자세히 보면 셋 모두 성격이 달라 효과적인 관리를 기대하기 어렵다. 왜냐하면 노후생활의 안정은 경제적인 뒷받침이 우선되어야 하므로 정부 예산과 관련되고, 건강관리는 보건과 직결되어 의료의 뒷받침이 있어야 하며, 사회참여와 노인공경은 사회, 문화적인 문제로 어느 하나 쉽게 해결되기 어려운 과제이기 때문이다.

내가 주장하는 것 중에 '노인문화 만들기'가 있다. 노인문화를 만들면 노인문제를 상당 부분 해결할 수 있다. 노인의 문제가 타인에 의해 제기되고 부분적으로 해결되는 것이 아니라 문화적인 장(場)을 통해 노인문제를 스스로 생각하게 만드는 계기가 되어 근본적인 해결방안을 찾을 수 있기 때문이다.

노인문화는 노년층의 사회적 입장과 능력을 보여줄 수 있는 좋은 장치라 생각된다. 그리고 사회 소외계층에서 사회에 도움을 주는 계층으로 바꿀 수 있는 계기가 된다. 요즘 들어 부쩍 사회적 위상이 높아진 청소년들도 청소년문화가 있기에 가능하였는데 대중매체가 큰 힘이 되었다. 대중매체를 통해 청소년들이 같은 생각, 같은 생활 방식을 공유하게 되어 나름대로의 문화를 만들었기 때문에 가능하게 된 것이다. 문화란 계층의 특성을 나타내고 이를 사회에 알리는 좋은 방안이 되기 때문이다.

　노년층은 다른 계층과 구별되는 특성을 가지고 있다. 때문에 많은 전문가들의 도움이 필요하다. 그리고 이들이 노인문화를 만드는 데 힘을 실어주어야 한다. 그렇지 않으면 오히려 사회의 짐이 될 수도 있기 때문이다. 한때 실버산업이 성황을 이룬 적이 있다. 아직도 정착되지 못해 사회의 근심거리로 남아 있기도 한데 그 원인을 생각해보면 문화인 소프트웨어가 없기 때문이다. 선진국의 시설과 실버산업의 틀을 그대로 모방하는 것까지는 좋았지만 우리 실정에 맞는 소프트웨어를 준비하지 못했기 때문이다.

　노인문제의 해결은 노인문화 형성에서 그 실마리를 찾아야 한다. 그리고 노인문화 형성을 위해 대중매체를 활용하여야 한다. 강남의 경우 강남문화원이 그 역할의 일부를 담당해야 한다. 노인의 축적된 경험과 경륜은 젊음과도 바꿀 수 없는 사회적 자산이기 때문이다.

　많은 미래학자들은 21세기에 나타날 문제 중 인류의 노령화를 경고한다. 과거 인류가 경험하지 못했던 문제들 중 하나로 인류의 미래 생활을 바꾸어 놓을 것이기 때문이다. 이를 보완하는 방안이 건강하게 늙는 것인데 자기 자신의 행복은 물론 사회나 국가에 기여하는 방법이 된다. 건강한 노년층을 만들기 위해선 의료의 역할이 필요하다. 하지만 의료보다도 더 중요한 것은 노인을 종합적으로 파악하고

관리할 수 있는 시스템인데 노인문화가 이를 제공할 수 있다고 생각
한다.

회춘합시다

3월이 되면 누구나 봄을 연상합니다. 그만큼 반가움과 희망이 샘솟는 계절입니다. 적령기를 맞는 남녀는 행복한 결혼을, 새로운 학년을 맞는 아이들은 새로운 도전으로 가슴 설레지요. 우리 어르신들은 어떠한 생각을 가지고 계시는지 궁금하군요!

제가 늘 주장하는 것 중에 어르신에게 봄방학을 드리자는 제안이 있습니다. 그만큼 봄을 다시 맞이하려면 어르신들에게 충분한 휴식과 안정이 필요하다는 말입니다. 이번에 3월을 맞이하며 어르신들께 회춘(回春)하자는 슬로건을 내세웠습니다.

회춘을 하려면 봄의 의미를 정확히 알아야 합니다. 봄은 어느 순간 갑자기 오는 것이 아닙니다. 봄기운이 돌면서 시작되는 것이지요. 봄을 한자로 춘(春)이라 표현하는데 글자 안에 뜻이 있습니다. 춘(春)을 뜯어보면 석 삼(三), 사람 인(人), 날 일(日)로 되어 있습니다. 석 삼(三)의 의미는 하늘, 땅과 그 사이 공간을 의미합니다. 그 속에서 사람이 태양 빛을 받고 활동하는 모습을 생각할 수 있습니다.

봄에는 겨울 동안 꼭꼭 숨었던 잠재력을 새롭게 펼치려는 의미가 담겨져 있습니다. 때문에 큰 에너지가 필요합니다. 만일 겨울 동안 에너지를 함부로 썼다면 봄에 힘을 못 쓰는 것은 당연합니다. 단지 힘을 못 쓰는 정도면 그나마 다행입니다. 힘이 점점 약해지는 장·노년층은 치명적이 될 수 있습니다.

회춘하자니까 남, 여 어르신의 상반된 모습이 떠오릅니다. 남성은 회심의 웃음이 여성은 겸연쩍은 웃음이 떠오릅니다. 그러나 이제는 좀 크게 생각해 볼 때입니다. 단지 정력이나 몸의 건강에 국한하지 말자는 말입니다.

물론 어르신의 건강은 중요합니다. 건강을 잃으면 다 귀찮게 됩니다. 귀찮게 되면 삶의 의욕이 떨어지는 것은 당연합니다. 저희 연구소에서 발행했던 건강한 노년 『초록빛』의 목적은 건강한 노년층을 형성하자는 데 있습니다.

몇 년 전까지만 해도 어르신은 대우를 받았습니다. 사회적인 윤리가 살아 있었기도 하지만 고령자가 그리 많지 않았기 때문입니다. 하지만 앞으로는 사정이 다릅니다. 수명의 연장과 함께 노년층이 많아집니다. 노인 사이에도 경쟁을 해야 생존한다는 뜻입니다. 그만큼 사회에서 확실한 역할을 하여야 낙오되지 않는다는 말입니다.

　회춘의 의미는 다시 사회 속으로 나와 역할을 해야 한다는 뜻입니다. 비록 현실 여건이 노년층에 대한 배려가 충분치 않더라도 그 틀을 어르신들이 만들어야 합니다. 물론 건강을 유지하고 연령에 맞는 체력 관리는 꾸준히 하셔야 합니다. 건강을 배제한 일은 능률의 저하와 자신감을 잃게 만들기 때문입니다.

　회춘을 주장하는 필자의 의도는 노인문화를 만들어야 한다는 전제가 따릅니다. 앞으로는 노인문화 없이 체계적인 복지가 불가능하기

때문입니다. 넓은 장(場)을 만들어 후손에 귀감이 되는 문화를 만들어야 합니다. 이를 현실적으로 가능하게 만드는 것이 방송매체입니다. 방송의 이점을 최대한 활용하는 것이 우리나라의 노인 복지를 빠른 시간 안에 정착시키는 방법이 됩니다.

어르신하면 회춘이란 말이 가깝게 느껴집니다. 좋은 의미가 아니었던 것도 사실이지요. 이제는 달라져야 합니다. 원래의 의미 대로 다시 활동하여야 합니다. 그것도 사회의 일원으로 도움을 주는 역할이어야 합니다. 다른 연령층이 존경과 고마움을 표시할 수 있도록 노력해야 합니다. 그렇게 될 때 본래의 의미가 살아납니다.

건강하게 오래 사는 첫 단추

    건강하게 오래 사는 것은 복(福)입니다. 의학이 발전하기 이전에는 아주 큰 복이었습니다. 지금의 평균수명을 생각하면 많은 사람들이 그 복을 누리고 있는 셈입니다. 그런데 주변을 보면 소수를 제외한 대다수의 장수자들은 여러 질환으로 고통을 받고 있습니다. 이해가 잘 되지 않는 대목입니다.

    많은 장수학자들은 다양한 연구를 통해 이른바 장수의 조건들을 제시하고 있습니다. 장수촌의 식사, 환경, 마음가짐 등 많은 요소들을 참고하고 따르라고 합니다. 말처럼 쉬울까요? 우리가 사는 환경은 건강한 장수를 누리고 있는 장수촌과는 많이 다릅니다. 일례로 장수촌의 노인을 오염된 도시환경에서 살게 하면 정말로 건강하게 오래오래 살 수 있을까요? 시골에 사시는 어르신이 어쩌다 도시에 오면 불편한 점이 많아 빨리 고향으로 내려가려는 것을 보면 우리가 살고 있는 도심은 건강한 장수의 조건과는 멀다는 느낌이 듭니다.

통계청이 발표한 '2008년 사망자원인통계'를 보면 장수를 위한 기본 요인이 무엇인지 알게 됩니다. 죽음에 이르게 만드는 질환을 피하면 일단 수명이 길어지기 때문이지요. 총 사망자의 48.1%를 차지한 암, 뇌혈관질환, 심장질환과 자살, 당뇨병, 만성 하기도질환, 운수 사고, 간질환, 폐렴, 고혈압성질환 등을 합치면 사망원인의 70.4%나 됩니다. 이런 질환들을 조심하면 분명 오래 살 수 있습니다. 물론 원인 중 자살과 운수 사고는 질병과 무관하지만 자살이 정신적 갈등(정신질환)에 의해 나타나고, 운수 사고를 상해(傷害)로 해석한다면 질병의 범주에 넣어도 무리가 없을 것입니다.

원인되는 질환을 분석하면 세 가지로 요약됩니다.

면역력이 떨어져 몸 안에 이물질이 자라는 암(癌)과, 심장, 간장, 폐장, 하기도 등의 장기나 조직의 대사 장애, 그리고 혈액 순환과 밀접한 뇌혈관질환입니다. 우리가 쉽게 피하기 어려운 질환들입니다. 오래 살아도 이런 질환에 노출되어 있거나 이미 몸에서 시작되고 있다면 남아 있는 여생(餘生)은 분명 투병으로 허비하게 됩니다. 그럼 어떻게 하면 이들을 피해 오래 살 수 있을까요?

답은 아주 간단합니다. 이미 우리들은 그 답을 알고 있습니다.

암을 한번 생각해 볼까요. 사망 원인 부동의 1위입니다. 몇 년 전부터 중풍을 제치고 줄곧 일등을 차지하고 있습니다. 서양의학에서는 면역기능과 연관을 짓습니다. 면역력이 떨어지면 세포나 조직의 정상적인 활동이 둔화됩니다. 이 틈을 타고 성장속도가 빠른 암세포가 자라게 되는 것이지요. 확실히 면역이 저하되면 암이 잘 생깁니다. 그리고 일단 생기면 빠르게 커집니다. 우리 몸이 더 이상 지탱하지 못하면 생명유지가 어렵게 됩니다. 그런데 최근 지속적인 스트레스가 면역력을 떨어뜨린다는 연구들이 발표되고 있습니다. 그것도 인위적인 환경에서 받는 스트레스가 더 심하다고 합니다.

스트레스는 우리의 감정에 직접적인 영향을 줍니다. 또한 급격한 감정의 변화는 몸과 마음에 상처를 주는데 이때 나타나는 질병을 한의학에서는 칠정상(七情傷)이라고 합니다. 칠정상은 일곱 가지 감정에 의해 나타나는 병을 지칭합니다. 특징으로 기(氣)의 흐름에 영향을 줍니다. 기의 흐름이 어려운 기체(氣滯), 기울(氣鬱), 기색(氣塞) 등은 암의 발생이나 진행에 큰 영향을 줍니다. 특히 일곱 가지 감정 중 화냄(怒), 근심(憂), 슬픔(悲), 두려움(驚) 등은 암의 발생과 예후에 결정적인 역할을 합니다. 스트레스에 의해 반응하는 감정을 잘 다스리는 것이 암에서 자유로워지는 길이 됩니다.

장기나 조직의 대사 장애도 큰 원인입니다. 사람의 수명처럼 장기나 조직도 수명이 있습니다. 무리하게 사용하면 빨리 망가지고 불규칙하면 퇴행성 변화가 나타납니다. 모두 제 수명을 다하지 못하게 됩니다. 대사(代謝)는 가정으로 치면 살림살이와 같습니다. 방, 부엌, 거실, 마당, 창고 등 각자 자기의 역할을 충실히 수행하는 것을 말합니다. 그런데 어떤 이유 때문이든 장애가 생기면 집안이 엉망이 됩니다. 당황하여 장애의 원인을 잘 수습하지 못하면 집안 식구 모두 고생을 하게 됩니다. 반대로 신속한 해결은 전과 같이 편하게 만들 수 있습니다.

몸의 장기나 조직이 아프면 몸을 주관하는 우리의 마음이 이를 해결하고자 합니다. 만일 앞서 말한 것처럼 당황하거나 미리 겁내 잘 대처하지 못하면 우리 몸의 장기나 조직은 고생하게 되고 그래서 제 기능을 못하면 집안은 하나하나 무너져 내리게 됩니다. 결국 주인(마음)의 태도에 따라 치료 성패(成敗)가 결정됩니다.

가장 많이 알고 있는 혈액 순환과 관련된 뇌혈관질환은 어떨까요?

어르신들이 가장 두려워하는 질환으로 중풍을 꼽습니다. 뇌출혈과 뇌경색으로 구분되는 뇌혈관장애를 지칭합니다. 출혈은 혈관 밖으로 피가 유출되어 주변 뇌세포를 익사(溺死)시키는 현상이고, 경색은 혈관이 좁아지거나 막혀 혈액 공급을 받지 못해 뇌세포가 고사(枯死)하는 것을 말합니다. 뇌신경이 익사하거나 고사되면 몸의 장애가 발생하게 되는데 중요한 것은 신체장애보다도 자신의 처지에 대한 좌절감(정신적 충격)이 회복을 더디게 만든다는 점입니다.

중풍은 혈액 순환 장애로 나타나는 질환 중 일부분에 지나지 않습니다. 혈액이 순환되려면 혈액, 혈관, 혈압이 있어야 하는데 혈액에 당이나 기름 성분 등이 많으면 혈액점도가 높아져 순환이 더디게 됩니다. 혈액이 지나가는 혈관을 생각해보면 압력을 크게 받는 큰 혈관은 탄력성이 좋아야 하고, 손발 끝에 있는 모세혈관은 피를 받아들이는 흡수력이 좋아야 합니다. 때문에 혈관이 필요 이상으로 딱딱해지거나 무력해지면 막히거나 넘치게 되는 일이 발생합니다. 그러면 우리가 흔히 자주 말하는 혈압, 그중에서도 고혈압의 경우는 어떨까요?

혈압은 심장과 모세혈관의 상호 협조에 의해 이루어집니다. 그래서 혈압 이상의 첫째 이유는 심장과 모세혈관입니다. 심장이 좋지 않아 혈압이 높은 경우가 많지만 모세혈관의 기능이 회복되면 혈압이 정상으로 되는 경우도 많습니다. 야구에서 투수와 포수를 생각하면 됩니다. 둘 사이의 체력과 호흡이 잘 맞으면 팀 승리의 주역이 되는 것과 같이 튼튼한 몸이 되는 것입니다. 그럼 이 세 가지(혈액 성분, 혈관, 혈압)가 정상이면 안심해도 될까요?

그렇지 않습니다. 이 셋이 완벽해도 자율신경이 불안하면 혈압이 높아지거나 낮아질 수 있습니다. 그런데 자율신경은 자신의 주인인 정신(心: 한의학에서는 마음)에 영향을 받게 됩니다. 정신이 극도로 흥분되었거나 좌절감을 맛보게 되면 앞서의 과정을 통해 혈압이 변화하게 됩니다. 물론 일시적인 변화는 우리 몸 스스로 조절해 병이 되지는 않습니다. 변화된 혈압이 기간 내에 정상으로 돌아오지 않을 때 반드시 이 네 가지를 체크해야 합니다.

어떤 원인의 병도 그 시작은 마음에 있습니다. 마음에 의해 지배되는 몸은 직접, 간접으로 영향을 받게 됩니다. 앞서 소개한 질병들도 마음에 의해 시작된 병들입니다. 그리고 치료 과정이나 예후도 각자의 마음가짐에 따라 달라집니다.

오래 사시는 분들은 대개 자기 고집이 강하지 않습니다. 그리고 남을 잘 이해해줍니다. 많은 사건에 유연하게 대처하는 성향이 있고 감정도 풍부합니다. 남이 슬플 때 함께 울고, 기쁠 때 함께 좋아하는 특성들이 있습니다. 인자한 할머니의 모습을 생각하면 공감이 됩니다. 설사 병에 걸렸다 해도 자연과 같은 넉넉한 마음으로 순종합니다.

다양한 질병을 치료해 온 필자는 환자들을 통해 인생을 배웁니다. 틀림없이 쉽게 나을 수 있는 환자가 잘 낫지 않고, 힘들다고 생각한 환자가 쉽게 회복하는 것을 보면 의사가 하는 역할은 정말 미미하다고 생각됩니다. 그래서 좋은 의사가 되려면 좋은 환자를 만나야 합니다. 물론 좋은 환자를 만나기 위해 환자의 마음을 이해하려는 기본적인 심성이 있어야 되겠지요.

『활인심방』을 평생 자신의 건강 반려자로 생각하여 실천하신 퇴계 선생은 건강하게 살아가는 첫 단추로 '치심(治心)'을 권합니다. 하루에도 몇십 번씩 변하는 자신의 마음을 먼저 다스리는 것이 곧 자신의 몸을 편안케 하는 방법임을 일깨워주고 있습니다. 그럼 건강하게 오래 사는 첫 단추인 치심의 구체적인 방법은 무엇일까요!

태백진인은 인(忍), 방편(方便), 의본분(依本分)이라고 하였습니다. 인

내하고, 여러 사항에 잘 대처하고, 본분에 충실하면 가능하다는 뜻입니다. 건강한 장수를 누리고 있는 많은 어르신의 비결을 조사해도 표현만 다르지 같은 의미입니다. 이제부터 여러분도 함께 치심을 실천해 보세요! 건강한 장수는 결국 자신이 만들어 가는 과정이기 때문입니다.

양로봉친의 의미

　양로봉친(養老奉親)이란 말을 대중화시킨 사람은 중국 송나라의 진직입니다. 동명(同名)의 책을 저술해 노인에 대한 봉양을 강조한 분입니다. 고을의 현령으로 주민들을 편안히 다스린 것으로 생각되는데 그 근거로 어르신에 대한 관심을 들 수 있습니다.

　『양로봉친서』는 여러 의미를 가지고 있는 의학 고전(古典書)이라 할 수 있습니다.

　부모를 공경하고 보살피는 내용도 그렇고, 일반 대중에게 알리기 위해 쉬운 표현을 택하고 있는 것도 그렇습니다. 『양로봉친서』 중 양로(養老)는 건강한 노년의 구가를 목적으로 하고, 봉친(奉親)은 바로 부모 공경을 뜻합니다. 지금같이 도덕이 땅에 떨어지고 있는 것을 생각하면 의학적 내용 말고도 의미하는 바가 큽니다.

얼마 전 사상 유래가 없는 황사(黃砂)가 나타나 우리를 놀라게 했습니다. 다들 건강에 대한 염려를 하게 되었습니다. 신문 방송 할 것 없이 어린이와 노약자들에게 큰 병을 일으킨다고 경고하였습니다. 맞습니다! 어린이와 노인들은 확실히 일반 성인과는 다릅니다. 아이들이 성장에 치우쳐 항상 음기(陰氣)가 부족하다면 어르신들은 몸 안의 양기(陽氣)가 부족하기 때문입니다. 특히 어르신들은 양기의 역할에 해당되는 면역과 순환기능이 저하되어 아이들과는 다른 보호와 관리가 필요합니다.

진직이 저술한 『양로봉친서』에는 부모를 모시는 요령과 자식들이 신경 써야 할 점 등을 서술하고 있습니다. 참고가 될 것 같아 몇 가지 소개합니다.

"천재지변이나 재난 등 뜻하지 않게 놀라운 일을 당하게 되면 반드시 먼저 노인을 부축하여 안전한 거처로 옮겨야 합니다. 노인이 크게 놀라게 되면 어지럽고 정신이 몽롱하게 되어 병이 생길 수 있기 때문입니다."

"또 상갓집이나 재앙이 있는 곳은 가지 않도록 하고, 질병이나 재난 때문에 놀라지 않도록 하고, 슬프거나 근심이 될 만한 소식은 전하지 말아야 합니다. 오래되고 악취가 나는 음식, 끈적거리거나 딱딱한 음식, 독이 있는 음식 등은 삼가도록 하며, 비가 새거나 습기가 많은 곳은 거처하지 않도록 하여야 합니다. 바람이나 찬 기운을 갑작스레 쐬지 않도록 하고, 몹시 덥거나 뜨거운 기운에 접촉하지 않도록 주의를 하여야 합니다."

"일이나 걷는 것은 피로할 만큼 하지 않고, 저녁 이후에는 배불리 먹지 않으며 안개가 끼거나 어두울 때는 굶지 않도록 하여야 합니다. 다른 사람의 말(요즘은 차)을 빌려 타지 않도록 하고, 약성이 강한 약은 함부로 먹지 않으며, 폐가나 흉가에는 들어가지 않도록 합니다. 묘지에는 가지 않도록 하고, 위험한 곳에는 다니지 않고, 깊은 물이나 계곡물은 건너지 않아야 합니다. 어두운 방에 혼자 두지 않으며, 흉흉한 소식은 전하지 않고, 천박한 아랫사람들이 노인을 모시게 하지 말고, 가족 내의 복잡한 일에는 관여하지 않게 하여야 합니다."

이런 종류의 금기 사항은 매우 많아 다 열거할 수는 없지만 자손들이 항상 깊이 생각하여 노인이 불편을 느낄 만한 일은 가급적 피해 오래 살 수 있도록 해야 한다고 강조하고 있습니다. 지금 우리가 놓인 시대적 환경을 생각하면 다소 따르기 어려운 부분도 있지만 어르신을 생각하는 마음만은 우리가 본받아야 할 것으로 생각됩니다.

양로봉친의 의미는 무너져 내린 사회 규범을 다시 만들 수 있습니다. 어른을 공경하고 대우하는 것이 바로 자신들을 위하는 것이란 점을 알아야 합니다. 부모를 무시하고 자식만을 위하면 이런 모습을 자손들이 따라 하게 됩니다. 실천을 통한 교육이라 할 수 있습니다.

어버이날은 잃어버린 가정의 규범과 부모 자식 사이의 윤리를 일깨울 수 있는 계기가 되고 있습니다. 그리고 부모 사랑을 확인할 수 있는 좋은 날입니다. 때문에 5월이 되면 더욱더 마음이 설레며 숙연해집니다.

좋은 실버 세대가 됩시다

은빛 청춘이 된다는 것은 인간에게는 커다란 행운입니다.

비록 몸은 늙고 아픈 곳도 많지만 남보다 긴 시간을 보내왔다는 그 자체만으로도 큰 의미가 있습니다.

흔히들 인생을 생(生), 노(老), 병(病), 사(死)의 과정으로 봅니다. 태어나 성장하고 늙어 병들어 죽음에 이른다는 의미입니다. 사실 인간으로 태어나 이 모든 과정을 다 밟고, 삶을 마칠 수 있다면 비록 고행길이라 해도 이미 선택되었다고 볼 수 있습니다. 그러나 지금은 의학의 발달로 대부분 이 기쁨을 누립니다. 옛날에는 그저 오래 사는 사실에만 관심이 있었습니다. 그래서 아파도, 가족이나 사회에 짐이 되어도 오래 사는 것이 모든 사람의 바람이 되었습니다.

21세기에 들어선 지금, 지구촌은 인간으로 넘쳐나고 이로 인해 발생되는 많은 문제들이 산적해 있습니다. 하지만 선진국을 중심으로 많은 나라에서는 노령화사회로 인한 또 다른 고민을 하고 있습니다.

왜 인생의 황혼에 들어선 실버 세대가 고민의 대상이 될까요?

그리고 실버 세대는 사회에 어떠한 존재일까요?

이런 질문에 대한 답은 흔히 사회복지를 연구하거나 노년학을 전공하는 학자들에 의해 정의되는 경우가 많습니다. 하지만 이런 고정관념을 깨고 그 답을 어르신에게서 구한다면 좋은 실버 세대를 만들 수 있는 방안을 강구할 수 있습니다. 이제까지 국가나 사회는 어르신에 대한 인식을 일방적으로 정해 놓고 이 틀에 의해 관리한 것도 사실입니다.

실버 세대 입장에서 보면 수동적인 형태가 되지요. 그래서 어떠한 정책이나 제도가 되어도 불만이 생기게 되고 협조가 되질 않습니다. 물론 지금의 복지수준은 턱없이 낮습니다. 일정한 수준이 되어야 능동적이 될 수 있습니다.

한 나라의 수준은 국민의 의식과 직결된다고 합니다. 우리나라는 다른 나라와 달리 적응력과 창의력이 뛰어납니다. 이런 점으로 20세기의 기적을 이루었다고 생각됩니다. 그 주역이 우리 어르신들이고 실버 세대에 해당됩니다. 비록 지금의 사회가 어르신께 충분한 배려를 하지 못하고 있다고 해도 현실을 탓할 수 없습니다.

좋은 실버 세대란 결국 능동적인 자세와 삶을 긍정적으로 볼 수 있어야만 가능하다고 생각합니다. 자기 자신을 중심으로 보람되게 살아가는 방법이라 할 수 있습니다. 그리고 인생의 후배와 후손을 위해 축적된 노하우를 자연스럽게 전해주어야 합니다. 그저 시간만을 축내는 무의미한 생활은 하지 말아야 합니다.

　요즘 장례식장이 성업을 이룬다고 합니다. 그 이유는 여럿 있다고 합니다. 그러나 그 중에서도 우리의 공감을 얻는 것은 살아 있는 사람과 죽은 사람과의 적절한 타협입니다. 좋은 실버 세대가 되려면 아래

계층을 이해해야 합니다. 그리고 그들을 안전하고 효율성 있는 곳으로 인도해야 합니다. 우리 실버 세대는 선진국의 다른 실버와 달리 할 일이 많기 때문입니다. 그 일을 놓치지 마세요!

그 일속에 건강과 행복이 지켜집니다.

은빛 청춘의 의미와 역할

은빛은 금빛보다 덜 화려합니다. 그리고 잘 눈에 띄지 않습니다. 때문에 값이 많이 나가지 않습니다. 하지만 은은한 빛은 예로부터 사람의 마음을 안정시켜주고 흥분을 가라앉혀 줍니다. 지금처럼 스트레스가 만연되고 흥분된 사회 분위기에선 꼭 필요한 색깔이지요. 의학적으로 봐도 은(銀)은 우리 선조들이 독(毒)의 유무를 알아내는 방법으로 사용하였습니다. 또 결혼할 때면 으레 은수저를 장만합니다. 그만큼 값에 비해 그 역할이 크다고 할 수 있지요.

사회에도 은빛을 발하는 계층이 있습니다. 지금까지 뚜렷하게 우리의 시야에 들어오지 않았지만 이제는 피할 수도, 피해서도 안 되는 시점에 와 있습니다. 사실 알게 모르게 우리는 어르신들이 뿜어내는 은빛 향기에 의해 지금까지 살아왔는지도 모릅니다. 때문에 그들을 위한 배려가 더 필요한지도 모릅니다. 이제까지 우리가 애써 외면했던 많은 어르신의 문제가 사실 알고 보면 바로 다가올 우리의 문제입니다. 노인문화 형성은 바로 앞으로의 은빛 문화를 만드는 첫걸음이 되는 것입니다.

앞선 노인문화를 갖고 있다는 선진국조차도 인구의 노령화는 커다란 사회 문제입니다. 지금으로선 그 해결이 쉽지 않습니다. 더욱이 어르신을 쓸모없는 계층으로 생각하면 더 막막합니다. 하지만 어르신들이 지닌 사회적 능력과 경험들을 효과적으로 활용하겠다고 생각한다면 아마 행복한 고민이 될지도 모릅니다. 자 이제 마음을 열고 우리 어르신들을 봅시다! 그 속에서 우리만이 갖고 있는 효도사상을 다시 세웁시다. 어떻게 보면 근본적인 노인문제의 해결은 효에 숨겨져 있을지도 모릅니다.

은빛 청춘의 의미와 역할은 분명히 있습니다. 그러나 이를 구체적으로 실현하기 위해선 은빛 청춘의 주체인 어르신을 잘 이해해야 합니다. 모든 문제의 해결은 이해가 우선이기 때문입니다. 한국노인병연구소의 연구와 고민은 바로 여기서부터 출발합니다.

21세기 노인문제, 교육이 답이다!

노인문제란?

많은 미래학자들이 말하는 21세기의 특징은 크게 IT(Information Technology), BT(Bio Technology), 그리고 고령사회로 요약된다.

IT는 전 세계인을 하나로 묶고 정보를 공유하는 시대를 만들고 있고, BT는 생명과 관련된 산업의 발전으로 인류의 삶을 풍요롭게 만드는 기반을 만들며, 이런 혜택으로 장수시대가 예상된다고들 한다. 좋은 면으로 해석하면 지상 낙원이 따로 없을 법한데 자세히 들여다보면 장수시대에 산적한 많은 문제들이 보인다.

몇몇 선진국은 이미 고령사회로 진입해 있고 우리나라도 몇 년 안으로 고령사회가 된다. 65세 이상이 인구의 14%를 차지하면 고령사회라 칭한다. 그 이상은 초고령사회가 된다. 고령사회가 되면 고령화에 따른 생산성 저하와 고령층 관리를 위한 복지예산의 증가가 필요하다. 또한 평균수명 연장에 따른 장수자가 늘어나 이들을 관리하는 의료 시스템이 요구되는데 이 또한 장수자의 상황에 따라 일률적인 적용이 어렵고 국가에서 지불하는 비용 대비 성과를 기대하기 어렵다.

그러나 이보다 더 큰 문제는 노년층의 사회에서의 역할이 뚜렷하지 않다는 점인데, 고령자의 증가는 사회와 후손들에게 부담을 주어 사회발전을 더디게 만드는 요인으로 작용한다는 점이다. 지금의 제도가 저소득층 노인 복지에 중점을 두고 시행되고 있는 점을 감안하면 앞을 내다보는 적극적인 대안이 요구되는 시점이라 하겠다.

왜 교육이 필요한가!

우리나라의 교육은 아주 어려서부터 시작된다. 한두 살에 시작하는 사교육을 제외하더라도 국민이라면 누구나 의무적으로 받아야 하는 의무교육이 있다. 초등 6년, 중학 3년, 곧 시행되는 고등 3년. 나라에서 교육을 시킨다. 물론 가장 중요한 교육은 초등교육이다. 공동생활을 통해 인간관계를 배우고 일상생활을 위해 알아야 할 기본 지식들을 습득한다. 지식을 얻다 보면 자신의 능력이 개발되어 사회에서 어떤 일을 해야 하는지 조금씩 알아간다. 국가가 아이들에게 교육을 시키는 가장 큰 이유는 안정된 일정한 틀에서 국가와 민족을 위해 자신의 역할을 하도록 만들기 위함이다. 그래야 개인적인 삶의 질과 국가의 발전을 기대할 수 있기 때문이다.

인생 60쯤 되면 사회에서 은퇴하기 시작한다. 살아온 삶이 달라 노후도 다른 삶을 살게 되는데 천차만별(千差萬別)이다. 공동의식이 있어 힘이 되는, 그래서 파워가 생기는 것이 아니라 흩어져 각자의 삶을 살아야 하는 처지가 되어 일부를 제외하곤 소외계층으로 전락하게 된다. 당연히 사회에 부담이 되는 계층으로 남게 된다. 필자는 한국노인병연구소를 운영하면서 노인의 삶의 질은 어르신문화를 만들어야 향상된다고 늘 주장해왔고, 구체적인 방법으로 지상파 텔레비전 황금시간대에 어르신이 함께하는 프로그램을 제안해 왔다. 세대 간의 소통과 이해를 통해 아이들이 커서 장차 어르신이 된다는 일체감을 심어야 한다고 강조해왔다. 이런 시도는 자연스럽게 세대 간의 문제가 드러나며 해결할 수 있는 장(場)이 되는데, 노인문제 역시 각 세대들의 이해와 협조로 해결할 수 있는 기회를 마련해 주기 때문이다.

노인들의 문화를 만들려면 노인 간의 소통과 소통에 필요한 기본 지식이 필요한데 이를 위해 노인층의 교육이 필요하다. 국가가 주도해 이른바 어르신 의무교육 같은 프로그램을 만들어 일정 기간 교육 후 지금과 같은 혜택을 부여하는 방법이다. 구체적인 교육과정의 한 예를 들면 교육기간은 65세 해당 전 3개월, 장소는 노인종합복지관과 학교와 같은 공공기관을 활용하며 지역별로 실시한다. 구체적인 시행 방법은 전담 기구를 만들거나 관련 기관을 활용해 TF(Tasks Force) 팀을 만들어 시작하면 된다.

무엇을 교육할 것인가!

건강, 자산관리, 세대 간 소통 방법, 노인 에티켓, 사회 역할 담당 등이 필수 항목이며 취미, 오락, 소모임 등은 선택으로 정해 탄력적인 운영이 필요하다.

건강의 경우 노인병, 노화, 퇴행성질환 등 노년기에 나타나는 질병을 예방하고 관리하는 요령 습득을 기본으로 하고 보건소, 병의원, 요양원, 요양병원 및 호스피스 병동 등의 의료기관 활용 방법 등 노후건강과 관련된 내용을 주로 교육한다.

자산관리, 세대 간 소통 방법, 노인에티켓, 사회 역할 담당 등은 이 방면의 전·현직 전문가들의 교육이 필요할 것으로 예상되며 최소의 공통적인 항목을 의무 교육하는 것이 바람직하다고 생각한다.

어떤 방식이 좋을까!

정부가 주도하고 산하단체의 협조를 받는 것이 좋아 보인다. 유관 사회단체의 참여도 필요하며 이를 총괄 지휘하는 위원회를 조직하는 것도 한 방법이 된다. 교육 전(前)과 후(後)에 대한 내용을 정확히 알려, 교육 후 받는 혜택을 강조해 참여도를 높인다.

정부는 교육부, 여성가족부와 문화체육관광부가 중심이 되고, 산하단체로는 노인 관련단체, 노인병연구 관련단체, 의료단체, 사회복지단체와 기타 교육에 도움이 될 수 있는 단체나 개인이 참여하도록 한다.

교육성과 활용은?

교육 항목별 성과를 토대로 사회에서의 역할이 가능하도록 지도한다. 교육의 최종 목적은 어르신들이 사회에서 소외된 계층이 아니라 당당히 주체가 되도록 교육 및 훈련하는 것이니 이 과정을 충분히 소화하고 역할을 담당하려면 가장 기본이 되는 것이 건강이므로 건강과 관련된 제반 사항을 충분히 감안하여 시행해야 한다. 교육 후 5년간 연차적으로 추적 관찰해 교육의 성과를 평가한다.

필자의 건강 강연

현대인(現代人)의 건강관리

오늘은 우리 주변에 있는 건강 상식에 대한 얘기를 드릴까 합니다.

건강(健康)이란 무슨 뜻을 내포하고 있는 걸까요?

글자를 풀어보면 쉽게 이해할 수 있습니다. 튼튼할 건(健)과 편안할 강(康)의 결합어인데 좀 더 자세히 들여다보면 튼튼할 건(健)은 사람 인(人)과 세울 건(建)의 의미가 담겨 있지요. 결국 건강이란 인간을 편안하게 세운다는 뜻이 됩니다. 편안하게 세운다는 것은 상하좌우 균형을 유지한다는 것으로 역으로 상하좌우 균형이 무너지면 건강에 적신호가 되는 셈이지요.

그럼 지금 우리가 사는 사회의 특징은 어떤 것이 있나요?

현대사회의 특징은 산업사회, 과학문명사회, 물질사회, 전문화, 단순화, 조직화된 복잡한 구조 등으로 요약됩니다. 말 그대로 사회는 복잡해지고 개인은 점점 단순해지는 구조입니다. 때문에 이에 대한 적응이 쉽지 않습니다. 그래서 나타나는 질병도 과거에는 육체적 질환과 자연재해로 인한 질환이 많았지만 지금은 정신 질환과 산업재해 및 공해 질환, 그리고 인간이 만든 직업병 등과 같은 질환이 많습니다.

그렇지만 평균수명은 높아지고 사회가 발달해 인간의 삶의 질은 많이 향상된 것 아닙니까?

맞습니다. 그런데 그 내용을 들여다보면 모순이 함께 있습니다. 생존 기간이 길면 길어진 만큼 건강한 기간이 늘어나야 하는데 실제론 병과 씨름하며 삶의 질이 떨어진 채로 수명이 연장됨을 많이 봅니다. 길어진 수명만큼 질병에 노출되는 시간이 많아짐을 의미합니다.

그렇지만 국내외 장수 지역에 거주하는 노년층은 비교적 건강하게 생업을 영위하고 있지 않습니까? 그런 삶이 바람직하지 않습니까?

건강한 노년층을 만드는 것이 저희 한국노인병연구소의 최종 목표입니다. 그래서 장수 지역의 특징을 살펴보는 것은 건강한 노년기를 맞이하는 데 도움이 됩니다.

첫째 환경이 다릅니다. 공해는 물론 스트레스에서 벗어난 지역, 예를 들면 고산, 산림이나 해안 지역 등입니다. 둘째로는 그 지역에서 나는 건강보조 효과가 있는 식품 섭취입니다. 요구르트, 과실, 발효 음식 등이 해당됩니다. 셋째는 대가족제도와 같은 사회구성 시스템이 있다는 점입니다. 세대 간의 배려, 신뢰에 바탕을 둔 사회구성은 긍정적이고 순리적인 효과가 있어 장수에 도움을 줍니다. 또 한 가지는 부족한 음식과 가공하지 않은 음식들을 먹고 있다는 점입니다. 많이 먹는 것과 입맛 위주의 식사는 장수에 전혀 도움이 되지 않는다는 것을 반증(反證)하고 있습니다.

건강관리의 기본이 있지요? 어떻게 하는 것이 좀 더 현실적인가요?

과거에는 자는 것, 먹는 것, 그리고 배설 기능이 원활하면 건강하게 장수를 한다고 생각했습니다. 하지만 지금의 환경은 이를 허락하지 않습니다. 타고난 수명의 70% 정도라고 생각하면 됩니다. 물론 자는 것은 쾌면(快眠)이 전제 조건이며 이는 의식주 중 주(住)와 밀접한 관련이 있습니다. 영향을 주는 지자기, 수맥, 풍수 등도 고려해야 합니다. 먹는 것은 쾌식(快食)이 중요한데 의식주 중 식(食)과 밀접한 관련이 있습니다. 적게 먹는 소식(少食), 가공이 덜 된 소식(素食), 그리고 골고루 먹는 잡식(雜食)은 기본이지요. 배설과 관련된 쾌변(快便)은 체내 대사기능의 척도로도 생각할 수 있는데 주로 운동과 기(氣) 순환에 영향을 받습니다. 삼쾌(三快)가 건강의 기본이 됩니다.

그러면 타고난 수명, 천수(天壽)를 누리려면 어떻게 해야 하나요?

삼쾌(三快)에 스트레스 해소와 남을 위한 배려가 있어야 천수를 누릴 수 있습니다. 스트레스 해소는 자신을 위한 것이지만 남을 위한 배려는 남에게 정신·육체적으로 피해를 주지 않고 오히려 도와주려는 마음을 갖는 것인데 이를 행하면 심신이 긍정적이고 능동적으로 되어 좋은 영향을 줍니다.

스트레스 해소는 천수의 90%를 달성할 수 있습니다. 스트레스는 동양의학의 화(火)와 자주 비교됩니다. 잘 알다시피 가벼운 스트레스는 일의 능률과 성취욕을 높이고 건강 유지에 활력소가 됩니다. 하지만 가중된 스트레스의 경우 소극적이고 수동적으로 되고 능률이 저하됩니다. 심신장애에 치명적인 요소로 작용합니다.

우리 몸에는 물과 불이 있고 이 둘의 상호작용에 의해 건강을 유지합니다. 만일 물(水)이 많으면 넘쳐서 생기는 생체순환장애와 기능저하가 발생하는데 비습(肥濕)한 체질과 관련이 있습니다. 반면 불(火)이 많으면 기능항진에 따른 체내 진액의 고갈, 노화촉진 등이 발생하는데 마른 체질에 많습니다. 흔히들 스트레스 해소책으로 술, 담배, 이성 교제, 도박, 노래, 물, 등산, 목욕, 식사, 운동, 드라이브, 산책, 춤 등과 같은 것을 활용합니다. 하지만 중요한 것은 어떤 것을 선택해도 과하지 않고 적당히 하는 것이 좋고 꾸준히 오랫동안 해야 합니다. 물론 도덕적으로 허용되는 것을 활용하는 것이 바람직합니다.

이번에는 흔히 알려진 성인병과 노인병에 대해 알아보겠습니다.

성인병은 성인에게만 나타난다고 해서 붙여진 이름입니다. 그 원인이 생활습관에 문제가 있어 생활습관병이라고도 합니다. 잘 알려진 병으로 중풍, 고혈압, 동맥경화, 당뇨병, 암 등이 해당됩니다.

많이 알려진 중풍(中風)은 한자의 뜻처럼 바람에 적중됨을 뜻합니다. 바람이 강하면 성장에 방해가 됩니다. 태풍과 같은 바람일 경우 생명에 위협이 됩니다. 바람에 의해 쓰러진 모습을 보고 중풍이란 말이 만들어졌습니다. 무서운 병입니다. 지금은 첨단 장비로 머리의 변화를 볼 수 있어 중풍을 구분합니다. 뇌혈관이 터져 뇌기능 장애를 일으켰다면 뇌출혈(뇌일혈), 혈관이 막혔다면 뇌경색(뇌전색, 뇌색전), 머릿속에 종양이 있다면 뇌종양 등 다양한 형태의 뇌기능 장애를 일으킵니다. 기타 넓은 의미로 뇌위축, 파킨슨씨병, 치매 등도 뇌의 기질적 손상에 의한 질환으로 생각할 수 있어 옛날에는 중풍의 범주로 생각했습니다.

중풍을 일으키는 많은 원인 중 고혈압은 치료하기 어려운 병입니까?

현대의학에서는 한번 혈압 약을 먹으면 평생 먹으라고 합니다. 약이란 필요할 때 먹는 것이지 평생 먹는 것은 음식뿐입니다. 그래서 현대의학에선 아직 고혈압의 근본 치료가 없다고 합니다. 그렇지만 혈압의 원리를 잘 관찰하면 답은 쉽게 발견됩니다. 수돗물의 수압, 전기의 전압을 떠올리면 쉽게 이해가 됩니다.

물이든 전기든 흐름이 있으려면 일정한 압력이 있어야 합니다. 그래서 수압, 전압이 있게 됩니다. 피의 흐름도 반드시 압력이 있어야 하므로 혈압이 존재합니다. 또한 물, 전기, 혈액은 일정한 관 안에서 흐르기 때문에 수도관, 전선, 혈관 등이 필요합니다. 그리고 흐름의 물질인 물, 전기, 혈액이 존재해야 합니다. 따라서 혈관, 혈액이 혈압의 수치에 모두 관여합니다. 혈액이 많거나 적을 경우, 혈관의 탄력 정도에 따라 혈압이 달라집니다. 그래서 약으로 압력을 조절하는 것은 근본 치료가 안 되는 것입니다. 혈액의 내용물과 혈관의 탄력도를 유지하는 것이 혈압 조절의 관건이 됩니다. 또 심장만이 순환을 담당한다는 생각은 잘못된 생각으로 항상 사지 말단에 있는 모세혈관을 염두에 두어야 합니다. 따라서 혈압 이상은 혈액의 순환장애로 인한 혈류 이상이며 순환장애는 혈액의 성분, 혈관의 상태 및 혈압에 관여하는 심장과 모세혈관의 능력에 따라 달라진다는 사실을 알아야 합니다.

동맥경화에 대해 얘기해 볼까요?

혈관 중 동맥이 경화되는 것으로 교통과 관련지으면 도로에 해당되는 것으로 도로의 파손이나 소실 등으로 이해할 수 있으며, 결국 교통정체로 효과적인 수송체계가 불가능하게 됨을 의미합니다. 특히 동맥은 체내에 필요한 산소와 영양물질을 조직이나 세포 등에 공급하는 중요한 통로이므로 동맥이 제구실을 하지 못하면 체격과 관계없이 영양 부족 현상이 나타나게 됩니다. 때문에 치료도 혈관이 두꺼워지는 원인을 제거하는 것이 기본이 됩니다. 경화를 풀어주는 각종 효소가 포함되어 있는 발효 음식이나 야채는 반드시 섭취해야 합니다.

장·노년층에 흔한 당뇨병은 어떻게 인식하고 있는 것이 좋을까요?

당뇨란 소변에 당분이 섞여 나오는 증상을 말합니다. 소변은 말 그대로 생리적인 역할을 끝낸 수분을 말하는 것으로 당이 나온다는 것은 당의 체내 섭취 기능에 장애가 있다는 뜻과 같습니다. 물론 한 번에 과다한 당분을 섭취하면 일시적으로 소변에서 당이 나올 수 있습니다. 하지만 일반적인 식사와 활동에서는 나오면 안 됩니다. 일시적인 당뇨는 스스로 없어지기도 하지만 만일 계속해서 당이 소변에서 검출된다면 당뇨병을 의심하게 됩니다.

의학적으로는 혈액 속에 정상보다 많은 혈당이 있으면 당뇨병이라고 합니다. 공복 상태와 식사 후 2시간 뒤의 혈당을 체크하는데 속이 비어 있을 때와 식사 후 2시간의 혈당이 일반적으로 최저치와 최고치가 됩니다. 이 수치가 정상 범위에서 크게 벗어나면 당을 조절하는 인슐린의 공급에 차질이 생기는 당뇨병이 발생합니다.

인슐린을 만드는 췌장은 소화효소가 나오는 중요한 장기입니다. 때문에 평소 불규칙한 음식 습관이나 과음, 과식을 자주하면 췌장에 문제가 발생할 수 있어 결국 당뇨병이 생기게 됩니다. 당뇨병은 그 자체가 생명을 위협하는 것은 아닙니다. 오래된 당뇨병으로 혈관이 경화가 된다든지 말초혈관이 손상된다든지 하는 합병증이 무서운 것입니다. 결국 당뇨병이 생기지 않도록 체질을 조절하는 것이 우선입니다. 현대의학의 당뇨병 치료는 혈압강하제와 같이 평생 먹어야 하는 약에 의존합니다. 체질을 변화시켜 비당뇨 체형을 만드는 것이 단순하면서도 확실한 방법입니다.

어르신들은 대부분 당뇨병으로 고생하는데 노인병에도 당뇨가 중요한가요?

노인병은 일반 성인병과 달리 다음과 같은 차이점이 있습니다. 첫째 노인병은 노년기에 치유가 잘 안 됩니다. 일단 노인병이 노년기에 나타나면 관리뿐이지 정상으로 회복이 어렵습니다. 둘째 노화가 선행되어 나타나는 질병이라 평소 노화관리가 필요합니다. 셋째 질환이 복잡하고 합병증이 많습니다. 때문에 치료가 어렵고 만성적이며 정신적인 요인에 영향을 많이 받습니다.

중요 노인병을 소개해 주세요?

노인성 치매, 퇴행성 관절 질환, 노인성 중풍과 노인 암이 대표적 질환입니다. 그리고 일반 성인들에게 나타나는 모든 질환이 낫지 않고 노년기까지 계속된다면 질환 이름 앞에 노인성 또는 퇴행성이란 말을 붙여 사용합니다. 예를 들어 슬관절염의 경우 퇴행성 슬관절염,

노인성 슬관절염이 됩니다.

　노인병은 어떤 의료기관에서 치료받는 것이 현명할까요?

　서양의학, 한의학이 공존하는 우리나라의 경우 선택이 매우 중요합니다. 더욱이 대체의학이니 민간요법 등과 같은 국가의 인증을 받지 않은 치료를 선택하면 본인은 물론 사회전체에도 좋지 않은 영향을 주어 공공의료의 역할을 흐릴 수 있습니다.

　흔히 생명을 유지하는 기본 항목이 있는데 혈압, 호흡, 체온이 해당됩니다. 만일 기본 수치가 불규칙하고 증상이 급하게 나타나면 검진과 응급처치가 효과적인 서양의학을 선택해야 하고 만성적이고 증상변화가 급하지 않은 경우는 한방 의료기관이 효과적입니다. 평소 몸 관리를 위해 가까운 한의원 또는 의원을 정해두고 상의하는 것도 요령이 됩니다. 검진과 확인을 위한 대학부속병원을 한두 군데 알아놓는 것도 필요합니다.

　일단 노인병이 있게 되면 잘 치료가 되질 않고 결국 그 병으로 생을 마치는 경우가 많습니다. 때문에 병이 오기 전에 그 이전 계층인 장년에게 병의 성질을 알려주고 예방하는 방법을 알려주는 것이 좋은 방법이 됩니다. 요약하면 장년은 차세대 노년층이며 장년기의 몸 관리가 노인병을 예방하고 노화를 억제할 수 있습니다. 결국 장년기의 규칙적인 건강 관리는 급격한 체력저하로 야기되는 각종 성인병을 효과적으로 관리할 수 있으며 이는 곧 건강한 장수를 이루는 초석이 될 수 있습니다.

잘 낫지 않는 노인병은 악화를 방지하고 관리를 위해 여러 분야의 학문이 요구됩니다. 의학 및 한의학은 물론 간호학, 보건학, 노인 복지학, 생활체육, 간병인, 기타 노인관련 학문 등 다양합니다. 고령사회를 눈앞에 둔 우리나라의 의료 시스템이 달라져야 하는 이유가 됩니다.

이제 건강을 지키는 요령을 설명해보기로 하겠습니다.

서두에 말씀드린 삼쾌(三快)와 스트레스 해소가 자신의 수명 90%를 보장해준다고 말씀드렸습니다. 하나하나 소개해보겠습니다.

삼쾌 중 쾌식은 음식에 대한 말입니다.

식사 원칙으로는 소식(少食), 소식(素食), 잡식(雜食)이 좋습니다. 그 방법으로는 하루 2식(점심, 저녁)으로 식사량을 줄이고 주식은 현미와 잡곡 위주로, 부식은 생야채, 생선(등 푸른 생선, 비늘 있는 생선 및 잔멸치), 해물, 전통 간식(감자, 고구마, 토란 등), 전통 발효 음식(된장, 고추장, 간장 등) 등을 고루 섭취하는 것이 요령입니다.

피해야 할 것으로 인스턴트식품, 3백(白) 식품(흰밥, 흰 설탕, 흰 밀가루)이 있습니다. 그리고 육류의 경우 찌거나 삶은 것은 괜찮지만 튀기거나 볶은 것은 가급적 피하는 것이 좋습니다. 특히 돼지고기는 찬 성질이 강해 반드시 불에 익히거나 삶아 먹어야 합니다.

쾌면은 수면과 관련되는 것으로 참으로 다양한 인자들이 관여합니다. 그러나 대부분 자율신경이 조화롭지 못한 경우 문제가 됩니다. 자율신경 균형에 도움이 되는 목욕, 요가, 체조, 마사지 등의 외부 자극과 정신 이완을 위한 신앙요법 등을 활용하는 것도 한 방법이 됩니다.

쾌변은 소변과 대변의 정상적인 배출을 의미하는데 먹은 것을 충분히 흡수하고 필요 없는 물질을 배설하는 능력으로 판단합니다. 때문에 어떠한 경우에도 규칙적인 배설이 있어야 합니다. 소변량이 준다면 체내의 수분 섭취가 적거나 수분 대사에 문제가 있는 것이고, 대변량이 준다면 장에서의 흡수력과 운동능력이 감소함을 의미합니다.

현대인들은 반드시 스트레스를 해소해야 합니다. 여러분들은 어떻게 하고 계시는지요?

간단한 진단법을 알면 해결도 쉽습니다. 스트레스는 인체 곳곳에 쌓입니다. 그러나 징후는 목 뒤 근육에 나타납니다. 목 뒤 승모근을 눌러보면 스트레스의 정도를 알 수 있습니다. 만일 눌러 참을 수 없는 통증이 발생한다면 최근 심하게 스트레스를 받고 있다고 생각할 수 있습니다. 아픈 듯 시원하다면 오랫동안 꾸준히 스트레스를 받은 경우로 인식되며, 전혀 통증을 느끼지 않는다면 건강하거나 중병(重病)일 가능성이 높습니다. 어느 경우든 굳은 승모근을 푸는 것이 스트레스를 푸는 방법이 됩니다. 주로 눌러 푸는 지압을 쉽게 생각하지만 각자의 체력이 달라 세심한 주의가 필요합니다.

누구나 자신의 체력에 맞게 푸는 방법으로 목 운동을 소개합니다.

목은 우리가 생각하는 이상으로 중요한 부위입니다. 머리와 몸통을 이어주고 코로 들이마신 대기(大氣)를 폐에 전달하는 기관지가 지나갑니다. 영양을 위해 입으로 먹은 음식을 위로 보내기 위해 거치는 식도가 지나가고, 산소와 영양분을 실은 혈액을 심장에서 뇌로 보내는 뇌경동맥이 목 좌우에서 올라가고 있습니다. 그리고 가장 중요한 것은 뇌에서 정리된 모든 정보를 척추를 따라 전신에 전달하는 신경망이 목에 있는 경추를 지나고 있다는 사실입니다. 그래서 가장 빨리 생명을 끊는 방법으로 목매거나 목을 자르는 단두대를 사용한 것입니다.

앞서 말씀드린 역할을 원활히 하기 위해선 목이 유연해야 하는데 만일 스트레스를 받아 목 주변이 경직되었다면 압박 요인이 생겨 장애를 주게 됩니다. 때문에 목 운동은 예방을 위한 아주 좋은 방법이 됩니다.

자! 제가 지시하는 대로 따라해 보세요.

동작은 전부 여섯 가지입니다. 숙이는 동작, 뒤로 젖히는 동작, 좌우로 굽히는 동작, 그리고 좌우로 돌리는 동작입니다. 요령은 숙이거나 젖힐 때는 천천히 힘이 들어간 상태에서 끝까지 하고 제자리로 올

때는 힘을 빼고 좀 빠르게 합니다. 좌우로 굽힐 경우와 좌우로 돌릴 때도 같은 요령으로 합니다. 횟수는 한 동작을 세 번씩 하고(총18회) 하루 세 번 정도 합니다.

건강을 지키기 위해 평소 차를 먹는 것도 좋은 습관입니다. 흔히 알려진 커피는 되도록 적게 마시고, 몸을 위해 효능이 입증된 차를 마시는 것은 몸의 균형을 맞추는 좋은 방법입니다. 생강(건강), 진피(귤껍질) 차는 비위(脾胃)를 보호하여 주며, 결명자, 오미자 등의 차는 간(肝)과 폐(肺)의 기능을 도와줍니다. 율무차는 거습(祛濕) 작용이 있어 신경통, 피부 질환에 도움을 주며, 유자차는 피로회복, 순환촉진의 효능이 있습니다. 모과차는 관절 및 요통, 신경통 등에 도움을 줍니다.

건강을 유지하고 지키는 핵심은 적절한 음식 관리, 스트레스 해소, 전신순환에 도움이 되는 무리 없는 운동, 매사에 지나침이 없는 사회 활동, 그리고 자연의 원리에 순응(順應)하는 마음가짐 등으로 요약됩니다. 바로 건강한 천수(天壽)를 누리는 방법이지요.

감사합니다.